民宿的运营与发展研究

唐 玮 著

中国财富出版社有限公司

图书在版编目（CIP）数据

民宿的运营与发展研究／唐玮著．—北京：中国财富出版社有限公司，2020.7

ISBN 978-7-5047-7178-0

Ⅰ．①民… Ⅱ．①唐… Ⅲ．①旅馆－经营管理－研究 Ⅳ．①F719.2

中国版本图书馆 CIP 数据核字（2020）第 108650 号

策划编辑	谷秀莉	**责任编辑**	谷秀莉	**版权编辑**	李 洋
责任印制	梁 凡	**责任校对**	卓闪闪	**责任发行**	杨 江

出版发行	中国财富出版社有限公司			
社 址	北京市丰台区南四环西路 188 号 5 区 20 楼		**邮政编码**	100070
电 话	010-52227588 转 2098（发行部）		010-52227588 转 321（总编室）	
传 真	010-52227566（24 小时读者服务）		010-52227588 转 305（质检部）	
网 址	http://www.cfpress.com.cn		**排 版**	中图时代
经 销	新华书店		**印 刷**	廊坊市海涛印刷有限公司
书 号	ISBN 978-7-5047-7178-0/F·3689			
开 本	710 mm×1000 mm 1/16		**版 次**	2024 年 7 月第 1 版
印 张	8.75		**印 次**	2024 年 7 月第 1 次印刷
字 数	142 千字		**定 价**	48.00 元

前　言

随着我国经济、文化、生态文明发展水平不断提高，特别是国民对美好生活的需求不断增长，未来旅游休闲度假将成为国民生活的重要组成部分，成为人们追求美好生活的常态需要。其中，游客对美丽的旅游环境、对精致的旅游产品、对特色的旅游体验、对高质量的旅游服务的需求越来越强，这种内在需求的转变将推动我国旅游产业快速进入一个优质旅游时代。

在优质旅游时代，人们对旅游的要求将从传统的大众化产品、浅层次体验、跟风性消费转变为具有更大选择性的小众化产品、深度式体验、追求愉悦心理感受的休闲度假方式。随着旅游目的、出游方式、体验要求的转变，游客对住宿地、对入住的设施服务、对当地可体验的环境等要求也随之分化、提高。当今的旅行者和度假者不再满足于标准化的住宿和服务，更多的游客希望选择一些具有特色、体现品位、能够定制的非标准化旅居产品，而众多小体量、有文化个性、富有体验感以及有主人温度的民宿产品无疑成为最好的选择。

民宿，作为一处小型住宿场所、一种非标准化旅居产品、一种从传统农家乐脱胎升级而来的新兴业态，大量地散落在乡村与城市里。民宿利用优美的生态环境、美丽的自然景观、独特的民俗文化、闲置的民居资源，结合有地方特色的生产活动、生活方式，不仅为游客也为主人创造了一个个美好旅居的梦想。

伴随我国民宿产业的不断壮大，众多民宿投资人、创业人、经营人以及未来更多的民宿管家、职业经理人、专业服务团队将涌入民宿行业之中。这些人对民宿投资、经营与管理需要有更深的认识，同时各个地方管理部门及其行业管理人员也需要对民宿的未来发展有更系统的了解，他们对民宿的行业属性、产品特点、发展政策、投资建设要求、经营与服务特点、品牌与营销问题以及民宿如何与社区发展相协调等，都应有统一的认识。这些问题也将成为民宿产业发展的重要命题。

为此，本书全面、系统地介绍了民宿产品、民宿的日常管理以及民宿的接待服务等，特别是对民宿的品牌营销、打造做了特别的拓展。期望通过本书，让更多的民宿投资、管理人员和众多的民宿从业人员能够系统掌握民宿发展知识，以便引导民宿行业健康、持续发展。

唐　玮

2024 年 5 月

目　录

第一章　民宿概述

近年来，民宿市场在我国逐步兴起，民宿成为人们外出旅游的一大住宿选择。据调查，年轻、高学历群体是民宿的客源主体。与此同时，民宿在线预订平台纷纷崛起，国内民宿井喷式发展。

民宿多指经营者利用自有住宅空间，结合当地人文、自然景观，生态、环境资源，以及农、林、牧、渔等生产活动，提供给游客的可以体验乡野生活的住宿场所，其可使游客体验当地的生活，从而与当地社区居民和环境形成互动关系。

民宿的服务内容包含普通的住宿、餐饮服务，但强调如同在家中的自主性服务，服务人员多为经营者的家庭成员，民宿具有浓厚的人情味儿和回归家庭生活的温馨感觉。民宿在装饰风格上千变万化，游客可根据自己的喜好自行选择喜欢的民宿。

第一节　民宿选址

从本质上来说，民宿是住宿业消费升级的产物，是旅游配套的升级产品。我国地域辽阔，各地区自然环境、人文风貌、经济发展水平千差万别，各地区的消费水平和消费偏好也随之各异。一二线城市或城市群，居民出游消费水平相对较高，民宿发展具有坚实的市场基础；经济发展水平较差的地区，乡村旅游民宿还停留在农家乐的水平，发展条件相对滞后。此外，我国有相当一部分地区旅游资源丰富，气候宜人，或景观绮丽，或人文深厚，随着旅游业的整体发展，这些地区既是天然的旅游胜地，也是孕育民宿的绝佳土壤。

一、民宿选址的重要意义

好的选址是成功的一半，选址不理想，后期其他方面做得再好也会事倍功半。从我国民宿蓬勃发展的几个地区来看，民宿发展的起源和特征虽各有不同，但成熟的民宿及民宿聚集区无不具备极佳的选址条件，不同的民宿选址决定了不同的民宿发展方向和路径。

（一）好的民宿选址可以给客人带来独特的体验

开民宿不仅要靠情怀，更要为客人提供独特的体验，这种独特性大多来自消费者因为空间转换而获得的不同感受，如城市居民来乡村消费，东部居民在云南、西藏等西南部地区感受到文化差异等。

（二）独特的民宿选址可以体现民宿产品的差异性

民宿产品不仅是一张床、一间屋，更多的是环境。民宿产品的差异性主要体现在周边环境的不同上。徽州的民宿发展基于当地特色的古宅，川藏线的民宿则起源于骑行者的栖息地。

（三）好的民宿选址可以大大降低成本

好的民宿选址不仅可以大大降低初期投入，还可以降低将来的运营成本。

二、民宿选址前的准备

民宿选址是否合理对民宿的经营起着至关重要的作用。但是，在对民宿进行选址之前，民宿主必须对民宿进行合理规划，做好充分的前期准备。

（一）掌握民宿行业发展现状和未来发展趋势

1. 了解民宿行业宏观发展现状与未来发展趋势

在选址前，民宿主要了解我国民宿市场的整体规模、营业收入，民宿发展的痛点，民宿消费者群体的年龄结构、收入情况、旅游频率、消费偏好等。掌握这些信息，有助于在民宿选址前聚焦目标消费市场，扬长避短，做出准确判断。

2. 了解拟开设民宿的区域内现有的民宿设施，以及竞争对手的经营特色与状况

民宿主要详细评估拟开设民宿区域的客流量、顾客层次，区域内配套的餐饮

设施、规模特色、营业时间、消费单价、营业额和菜单内容等，以便为民宿选址提供可行性分析的基础和依据。

（二）明确民宿的性质和定位

民宿选址之前要拟定民宿的性质和主题。比如，前期要根据市场调查和基地选择结果拟定民宿接待住客的层次、民宿管理水平及民宿的特色等，确定民宿的性质、民宿等级、民宿规模与民宿结构。具体来说，应该从以下三个方面进行考虑。

1. 明确民宿面向的客户

首先，要明确民宿所面向的顾客群体，以及其可以传播和接触到的人群。比如，民宿是面向城市休闲消费群体，还是"90 后"文艺青年消费群体，或是"银发族"，这决定了民宿的定位和选址方向。

2. 明确民宿所面向客户群体的消费需求

在民宿，客人的一般需求是旅游和休闲，但是不同细分市场的客人消费需求各不相同。因此，明确用户需求是民宿选址和产品设计的重要前提。一般而言，客户需求分析包括以下三个步骤。

第一，锁定目标群体。确定民宿要接待的主力人群是听歌看书的年轻人，是喜好喝茶看景的中年人，还是消磨时光的老年人等，要根据某一类群体的选择做出具体的安排。

第二，为目标群体"画像"。即给其打上属性标签，如喜欢喝茶看景的中年人特征包括事业有成、思维传统、经济基础较好等，还可以按照年龄、性别、习惯进行进一步细分。

第三，分析目标群体的行为模式和"触点"感受。对目标群体的消费习惯进行收集、对比和规划，分析该类用户行为背后的动因，为日后选址提供依据。比如，年轻群体喜欢挑战自我，针对这类细分市场，民宿在选址时可考虑周边是否能提供户外拓展的资源。

3. 分析自身的优势

这一点要求结合消费市场进行分析，努力挖掘自身的优势，明确民宿的定位，如有些民宿主深谙茶艺，则可以在民宿定位时多倾向于传统文化；有些民宿主喜欢音乐，可以面向文艺青年群体开设民宿，等等。总之，能够最大化地结合自身的喜好和优势，进行优质资源的有效整合，是保证民宿可持续发展的最佳路径。

（三）了解民宿建立的政策

民宿属于新兴的旅游住宿方式，很多地方政策法规并不完善。因此，民宿选定地址之前必须要和当地的行政单位沟通，确保得到各级行政机构和当地居民的支持。民宿建立的政策主要包括资质政策和环保政策。

1. 资质政策

（1）宅基地政策

很多风景秀丽的民宿都是租赁当地村民的宅基地进行改造的，但宅基地的相关文件和法律并没有表明可以将地或房屋用于经营，而且宅基地重新营建的建筑是不被国家承认的。

（2）经营资质政策

住宿产品的几大资质包括工商的营业执照、消防的开业许可、公安的特种行业许可和外宾接待许可、市场监督管理部门的餐饮许可等。国内一线城市对这些资质的办理要求标准基本相同，而一些偏远地区政策却各有不一，所以很多民宿并不具备办理资质的相应条件。

2. 环保政策

环保政策是指做民宿要提前了解政府对排污的政策要求和标准，以及未来的规划，否则会被官方部门勒令停业，或拆除违章建筑，这会让民宿投资者付出惨痛代价。尤其是那些选址在景区的民宿，开在景区固然有很大的优势，但是景区的未来规划和治理是单体民宿难以抗衡的。因此，在民宿选址前要综合权衡。

三、民宿选址的关键因素

（一）区位

按照对应的区位和市场，民宿可以划分为城市依托型、景区依托型和乡野型。

1. 城市依托型民宿的区位选择

城市依托型民宿，主要出现在一线城市或城市群近郊，主要市场群体一部分是来该城市旅游，想获得当地生活体验，且不愿意选择千篇一律的城市酒店的消费群体；另一部分是期望到城市近郊休闲放松的旅游消费群体，这部分消费者往往没有明确的目的，仅仅是想远离快节奏的城市生活，获得身心的放松。目前，我国一二线城市集聚了大量城市依托型民宿，其以深度融入当地居民生活场景、具有竞争力的价格优势逐步成为城市旅游休闲度假客人的首选。

2. 景区依托型民宿的区位选择

景区依托型民宿是依托景区景点的吸引力，借助先天的旅游住宿市场发展而成的，其与周边娱乐、餐饮等旅游配套共同形成旅游区的旅游服务体系，其选址与旅游区及周边配套关系密切。比如，洱海周边、丽江古城就集聚了大量的景区依托型民宿，该地以独特的地理气候，绝佳的湖景、山景和人文资源吸引了大量观光旅游的消费人群。

3. 乡野型民宿的区位选择

乡野型民宿是指在一些比较原生态的村庄、林地、山地和田地等地区建设的民宿，主要面向有乡土情结，渴望呼吸乡间新鲜空气，体验乡村慢节奏生活的消费者。

这类民宿周围并没有开发成熟的景区，大多依托纯天然的田野环境和自然资源来吸引客人。目前，很多民宿投资者都落户于我国一二线城市的近郊，他们在这些地方新建小院或对原来的农宅进行改造，并提供外部环境乡村化、内部装修现代化的舒适住宿产品。

（二）环境

1. 自然环境

自然环境是指民宿所在地的生态。无论是优雅独特的城市民宿，或是安逸舒适的乡村民宿，抑或景色宜人的景区民宿，环境卫生都是重中之重。在选址时，民宿应关注周围的环境是否干净、整洁，附近是否有污染型企业，生活垃圾处理是否有序，是否有乱改乱建现象等，最终要确保民宿内外部环境能够给客人带来舒适的入住体验。

2. 人文环境

民宿相对于传统住宿产品最大的区别就是其所在地的地域风俗文化。因此，民宿的建设应该要依托当地的人文环境，能够让客人体验到最有特色的生活方式，如绿色的莫干山民宿、彩色的九寨沟民宿、豪迈的泰山民宿、优雅的上海民宿……民宿的选址应该能够充分体现当地的风情和民俗风貌，展现民宿的"情怀"。

（三）交通

客人的"综合到达体验"是民宿选址时必须要考虑的前提。无论选址离客人远近，都要尽量保证客人到达民宿所花费的时间是适度的，并且体验是轻松的。因此，民宿选址要关注交通因素，主要包括以下两个方面。

1. 交通工具

交通是民宿客人是否愿意到店的重要影响因素。民宿的选址要远离喧嚣，整体景色效果要好，但又不能太过遥远，同时要选择在公路畅通或者高铁、飞机等通行工具较为方便的地方，确保各种交通工具能够无缝对接。

2. 行程时长

一般来说，民宿选址在交通方面遵循的原则是"3 小时原则"。比如，以大城市为中心，民宿距离要控制在 60~200 千米，也就是确保客人驾车 1~3 小时内能到达；当民宿离高铁站或机场很近时，，高铁或飞机+坐车不超过 3 小时也可以。

同时，到达民宿的"最后一公里"也非常重要。比如，有的民宿开在半山腰，那就要具备较好的交通条件，步行距离应该控制在一定范围之内。

（四）资源

民宿选址时要考虑的资源主要有两种，包括先天性的自然资源和补充民宿功能的其他业态资源。

1. 自然资源

自然资源是指能够给客人带来美好体验的环境等，一般来说，民宿选址要在方圆 20 千米以内有 4A 级旅游景区或者国家森林公园、旅游保护区。如果推开窗户就能够看到优美的自然风景，那么这一定会给民宿大大加分。在选址时，占有的这类资源越多，资源禀赋也就越强。项目设计、建设中要充分利用这些资源，使其成为吸引游客的重要载体。

2. 其他业态资源

在旅游产业所需要的食、住、行、游、购、娱这六大要素中，民宿仅仅提供"住"以及"食"的功能。实际上，民宿很难把其他要素都囊括其中，难以建立整个旅游服务体系。但客人在消费过程中，如果没有其他可供游玩或者娱乐的设置，入住体验将非常单调，缺乏吸引力。因此，餐饮、SPA、有机农场、儿童游乐等业态会给游客体验带来很大的提升，医疗、安保等社会服务类资源可以为旅游消费者提供保障，也可以大大提高民宿的吸引力。民宿既需要合理的配套业态补充，同时也应充分考虑区域的联动效应，与周边业态形成互动。

（五）设施

民宿所在地的设施配置情况是保证民宿正常运营的基本条件，如果民宿所在区域的配套设施不全面，那么，其建设成本和运营成本也会增高。在选址时，民宿要关注以下要素：地表水系水质达标；生活饮用水达标；主要道路要平整，可通行机动车辆；有稳定的供水、供电及排污系统；具备合理的电容量和基本的通信条件；具备合格的消防安全条件等。尤其是在一些距离城镇较远的村落，所有基础设施都要在确定选址时做系统的规划。

第二节 民宿设计原则

民宿是社会、经济、旅游、文化发展的综合产物和载体。因此，民宿的设计应当结合乡村自然与人文资源，以及农、渔产业文化，还应当结合美食、体验、导览解说和地方深度风土旅游等多元因素，这样才能够促进民宿产业发展。

一、民宿设计的原则

民宿设计，整体而言要体现"两特""两怀""两情""两美""两舒"：民宿要有自己的特色和特产；民宿主人应有文化情怀，对宾客要有人文关怀；民宿要兼具地方风情和主人情感；民宿环境优美，宾客关系和美；民宿要在保持舒适的同时，让客人舒心。民宿设计的原则具体体现在三个方面：一是人与自然和谐共处；二是文化与科技共生；三是创新与品质共存。

二、民宿设计的要素

民宿设计的不仅是一个建筑、一个房间，更多的是对地域特色、人文情感的传递，要从外部环境、空间规划、服务设施等方面做到由外部到内部的呼应。同时，民宿要注重与游客进行深层次的互动与交流，满足游客对民俗文化的多层次体验需求。因此，民宿应充分融合在地文化，对名字、建筑、功能空间等进行精心设计。

（一）民宿名字设计

一般来说，民宿名字的选择应注意以下原则。

1. 诗情画意的名字能够吸引人气

比如，坐落于松阳县枫坪乡沿坑岭头村的"柿子红了"，在柿子红了的季节，泥墙黑瓦掩映之下，一切都如画般美好；西湖边依山面湖的湖景山居民宿

"夕霞小筑"则可以吸引客人歇息看花，闲来问茶，体验老式杭州居民的休闲。

2. 凸显主题的名字更容易被感知

比如，"素食宅"就以提供素食，以简单的生活方式而著称；"树也"强调的是"以树为名，与树共生"；广东清远的"二十一度山居"意指全年平均温度为21℃，简约而朴实。

3. 富有底蕴的名字更具分享特质

比如，隐匿于上海朱家角繁华小巷的"璞隐"，客人从名字上就能感受到其"大隐隐于市"的特质；浙江的"大乐之野"取名于《山海经》，意指难以寻觅的美好之地，这使得该民宿从字面上就引人入胜。

4. 朗朗上口的名字有利于传播和记忆

比如，"后院"对一个普通的小院落进行了改造，以"友情""亲情""爱情"作为主题进行了三期开发，以其简单的名字和纯真的感情吸引了大批消费者。

（二）民宿建筑设计

对民宿来说，建筑设计需要情怀，更需要逻辑思维。民宿在选址、规模、建筑风格、客房等方面均与传统酒店存在较大差别，无论是改建还是新建，都是为了更好地"提炼"出历史、人文中的建筑语言。民宿建筑设计主要分为两类：老房改造民宿和新建民宿。

1. 老房改造民宿

老房子是活着的历史和文化，因此很多民宿主会选择老房进行改造，形成历史与现代相融合的民宿建筑。老房改造民宿应最大限度地保留建筑原有的文化记忆，就地取材，对建筑做必要的改造和修缮，一般来说应遵循以下四个步骤。

（1）老房子的改造评估

在老建筑的改造设计中，特别需要注意的是建筑结构的稳固性，在设计之初要对老房子进行改造评估，以明确是否要采取局部或整体加固措施。

（2）民宿风格定位

老房改造民宿的第二步就是根据老房所在的自然环境、周边资源和文化背景，合理定位民宿的装修风格，如西北的窑洞式民宿、江南的水乡式民宿、内蒙古的蒙古包式民宿都是带有强烈地域风格的民宿形式。

（3）根据风格完成民宿的建筑改造和内部装修

在确定了民宿的地域特点及风格定位之后，就可以根据风格进行老房的硬件和软件改造了。在硬件方面，基础的水电设施、制冷或取暖设备都需要逐一进行改造和更新。有些老房建筑基础薄弱，本身的建筑格局和材质不能承担民宿的功能，很多民宿主会从外墙进行大刀阔斧的改造。在软装方面，可以采用民族特色的装饰材料及装饰形式进行民宿改造，除了民族和地方特色的装饰以外，适当增加绿植以及添置一些极具艺术特色的精致装饰物也是民宿改造的常用手段。

（4）改造民宿外部环境

良好的室外环境是民宿游客非常注重的因素。干净整洁的院子、优雅闲适的庭院家具、懒散的几只小猫、花圃都是装扮民宿外部环境非常好的选择。莫干山地区的民宿就以小小的泳池作为增加院落通透性的元素。

2. 新建民宿

新建民宿并不代表着摒弃当地的历史和人文，而是为了更好地"提炼"出历史、人文中的建筑语言。创新是为了更好地传承和发展，建筑虽是新建，但它的根却深深地扎在历史文化之中。新建民宿应注重体现当地文化，多选用当地的建筑材料来丰富建筑造型。

（三）民宿功能空间设计

民宿作为非标准住宿产品的代表，其功能结构相对酒店而言较为简单。但是其空间组成一般至少要包括院子、大厅（公共空间）、客房、楼梯、餐厅、消毒间、布草间、设备空间等。

1. 院子

院子一般会成为民宿的灵魂，一个没有院子的民宿通常会在竞争中处于劣势。民宿的院子不管大小，都要合理布局，要让人有停留休憩的空间。比如，丽江的民宿一般都设有天台，客人可以登上天台一边喝茶一边遥望雪山美景。生机盎然的院子总会激发人愉悦的心情，因此，院子里要通过绿植营造四季不同的景观，在院子面积较小的情况下，可以通过微景观丰富院子的内容，体现院子的休憩功能和观赏功能。

2. 大厅（公共空间）

与传统酒店不同的是，民宿更加注重民宿主与客人之间，以及客人与客人之间的交流。因此，民宿的大厅（公共空间）设计非常重要，它既要满足各种使用功能需求，还要体现这家民宿的主题。大厅（公共空间）一般有接待、会客、餐饮、聊天、休闲等功能，因此，大厅（公共空间）尽量不要布置客房。很多民宿都注重大厅（公共空间），有的民宿大厅（公共空间）面积占比甚至达到50%以上。大厅（公共空间）的大小最好根据实际所需来确定，如果以工作室为主就必须要有大空间，如果以住宿为主则应缩小空间，够用就行。

为了突出民宿的特色，部分民宿还会在大厅（公共空间）的功能性上做文章。比如，有些民宿会直接把大厅（公共空间）定位为书吧，客人可以选择在这里放松、休息，也可以将电子产品放在一边，静静地阅读，别有意境；有些民宿会将大厅（公共空间）设计为一个咖啡厅，让客人惬意地享受时光。

3. 客房

（1）民宿客房的数量及主题设计

民宿的客房数量不宜过多，少到四五间，最多不要超过 15 间。民宿的客房一般都是非标房间，注重温馨感，很多民宿还会给房间设计不同的主题，并配以不同的装饰。比如，南京夫子庙周边的民宿，一般会深度挖掘秦淮文化，将"秦淮八艳"或者南京城南地区的生活文化融入客房的设计中；部分丽江地区的民宿会体现茶马古道文化；北京地区的民宿则会将京城文化作为民宿客房主题。

（2）民宿客房的房型和布局设计

从民宿客房的房型来看，一般大床房占比较高，达到 60%；标间一般较少。此外，为应对家庭消费群体需要，民宿一般会配备面积稍大的家庭房，可同时放置一张大床和孩子的小床。民宿客房的布局可以不用太规整，但一般应包括三个基本空间——卧室、浴室、客厅（或房间内公共活动空间），设计原则以舒适、布局合理为准。所有的客房尽量配置落地窗，以增加房间的采光和通透性。室外风景对客房的价格影响很大，因此能处处见景最好。

（3）民宿的浴室设计

民宿的浴室也是体现客房主题的一个重要空间，设计方面可以不拘一格，但舒适度要高。洗浴应以淋浴为主，浴缸作为辅助配饰可以放置在浴室合理的地方。

（4）民宿的消防安全要求

客房是客人休息的主要地方，因此，客房的隔音效果要好，且从安全要求角度而言，客房的门一般为甲级防火门，房间内要布置烟雾探测器，门后要有民宿紧急逃生示意图。

4. 楼梯

楼梯往往是民宿设计中最易被忽视的。但若有好的设计，楼梯将会成为民宿点睛之笔。根据现阶段消防要求，民宿的楼梯宽度要在 1 米以上。在民宿的楼梯设计上，不仅要体现通达楼层的功能，还可以巧妙地结合民宿主题，或采用不同的材质，或设计为特别的造型，或者增加其储物功能，让楼梯也成为民宿的一个亮点。

5. 餐厅

餐厅并不是民宿必备的设施，很多民宿本身只提供住宿，而不提供餐饮产品。但是，为了方便客人，部分民宿也会提供简餐或者有特色的餐食。民宿餐厅面积一般较小，功能较为简单，但装修应与民宿主题呼应，必要时还需具备让客人自己动手操作的功能。民宿餐厅里提供的餐饮产品在外观设计、装盘、菜品等方面要与民宿的主题文化保持一致。

6. 消毒间和布草间设计

尽管民宿被称为非标准住宿，但是其产品和服务的品质应该是标准化的，因此，民宿必须配备消毒间，以用于客房内杯具及餐厅里碗筷等物品的消毒。同时，民宿应单独设置布草间，最好做成橱柜式，以满足布草摆放需求。

7. 设备空间和停车场所

民宿要留足设备空间。此外，民宿还应充分考虑停车场所的设置。一般消费者住民宿都以自驾为主，加之部分民宿位于村落内，周边都为农户，没有便捷的停车场所，客人到达民宿后，只能将车停在民宿门口或者周边的路上，给周边农户带来极大不便。因此，民宿周边要有方便且安全的停车场所。

第三节　民宿的经营

作为一个经营实体，民宿首先要考虑的是生存和营利，因此，仅靠情怀是不能够支撑民宿持续地发展下去的。投资和运营一家民宿必须掌握一些基本的财务知识。

一、民宿经营的主要财务指标

要经营好民宿，必须掌握与民宿相关的主要经营指标，这样才能更好地进行财务分析，确保民宿的营利能力。从财务指标来看，民宿与酒店并无根本不同，主要包括以下八个核心指标。

（一）客房出租率

客房出租率（Occupancy Rate，OCC）又称客房占用率、住房率等，是民宿出租房间总数占它拥有的可供出租房间总数的百分比。

$$客房出租率 = \frac{出租的房间总数}{可供出租的房间总数} \times 100\%$$

出租的房间总数就是被租出去或者被占用的客房的数量，免费房因为没有产生收入，不能计入出租率。比如，一家民宿的可用房有 15 间，当日出租 12 间，则其客房出租率就是80%。

客房出租率反映了民宿客房产品被消费的情况。客房出租率越高则意味着客房空置率越低，客房出租率越低则客房空置率越高。

（二）平均占用房价

平均占用房价（Average Daily Rate，ADR），是指被租用的客房的平均出租价格，又称平均房价。

$$平均占用房价 = \frac{出租的房间的总收入}{出租的房间的总数}$$

比如，某民宿某天有 12 间客房被占用，共获得 4800 元收入，那么其平均占用房价就为 400 元。因此，在客房出租率一定的情况下，提高平均占用房价可以提高民宿的客房收入。

（三）平均可供出租客房收入

平均可供出租客房收入（Revenue per Available Room，RevPAR），也称平均客房收入，是指平均每间可供出租的客房每天能够为民宿带来的收入。

$$平均可供出租客房收入 = \frac{出租的房间的总收入}{可供出租房间总数}$$

仍以上述民宿为例，如果该民宿可供出租的房间总数为 15 间，那么它的平均可供出租客房收入应该是 320 元（4800÷15）。如果该民宿能够将其平均可供出租客房收入提高 20 元，那么它的客房总收入将提高 300 元（20×15）。可见，平均可供出租客房收入直接反映了单位产品（客房）的创收能力。由于民宿客房数量相对固定，可供出租的房间数目也固定，所以提高平均客房收入是提高客房收入的最重要途径。

（四）营业毛利及营业毛利率

营业毛利（Gross Operating Profit，GOP），是指营业收入减去营业支出（如成本、人工费、营运部门的直接费用、后台部门的直接费用等）后的余额。

$$营业毛利 = 营业收入 - 营业支出$$

营业毛利主要衡量扣除民宿日常营运过程中的消耗之后，民宿主能够获得的收入，其与民宿的建造、装修、设备等固定资产无关。因此，营业毛利能够更加直接地反映民宿运营的水平而非投资的水平。

营业毛利率（Gross Operating Profit Rate，GOP Rate）是指营业毛利占营业收入的比例。

$$营业毛利率=\frac{营业毛利}{营业收入}$$

（五）营业利润

营业利润（Operating Profit，OP）是指民宿营业毛利减去非经营费用之后的利润，它是一项全面体现民宿经营状况和最终财务成果的综合性指标。

营业利润=营业毛利-非经营费用=营业收入-营业支出-非经营费用

（六）利润总额

利润总额是指民宿营业收入加上营业外收入，扣除营业支出和营业外支出的部分。

利润总额=营业收入+营业外收入-营业支出-营业外支出

（七）净利润

净利润（Net Income，NT）是指民宿利润总额扣除所得税费后的部分。

净利润=利润总额-所得税费

（八）投资回报率

投资回报率（Return on Investment，ROI）是指民宿主通过投资而应返回的价值，即民宿主从该民宿投资活动中得到的经济回报。

$$投资回报率=\frac{净利润}{投资总额}$$

二、民宿的成本、成本预算及其控制

（一）民宿的成本

一般而言，民宿的成本包括建设成本和运营成本。

1. 建设成本

民宿的建设成本是指民宿前期除了房租以外的花费，其中最核心的部分为民宿的设计与装修费用。

民宿设计费的高低往往与设计团队实力成正比，也跟民宿的设计规模直接关联。在选择设计团队时，民宿主应多维了解设计团队的实力，注重沟通，确保设计成品符合预期、便于后期装修、符合民宿运营的需要。

民宿的装修包括硬装和软装两部分，相应的费用也由这两部分组成。

（1）硬装

硬装指的是除了必要的基础设施，为了满足房屋的结构、布局、功能、美观需要，对房屋建筑主体的改造以及添加在建筑物表面或者内部的一切装饰物。在装修前，民宿主要做长期规划，避免装修两三年以后出现硬件老化、要进行再次装修的情况，且要考虑民宿的定位和功能需求，部分民宿的硬装只是对原来房屋的简单修缮，成本较低。但部分民宿硬装会改变原有房屋的结构，如徽州地区的民宿硬装还涉及对古宅的保护和修缮，成本则较高。当然，在硬件装修过程中会遇到很多前期没有预料到的临时性问题，因此，硬件装修也是前期筹备中最容易超支的一部分。为了严格控制成本，在硬件装修时应利用好成本表格，备注好细节（见表1-1）。

表1-1 民宿硬件装修成本核算参考

序 号	内 容	单位（平方米）	数 量	单价（元）	合计（元）	备 注
硬装成本						
1	拆除房顶					
2	砌墙、浇筑房顶					
3	房间地面					
4	内墙涂料					
5	外墙涂料					
6	卫生间防水					
7	空调底座					

续　表

序　号	内　容	单位（平方米）	数　量	单价（元）	合计（元）	备　注
……	……					
水电成本						
1	上水开槽					
2	冷、热水管					
3	下水挖沟					
4	房间电路					
5	室内分闸箱					
……	……					
总　计						

（2）软装

软装涉及民宿商业空间和居住空间所有可移动的元素，包括民宿的家具、电器等，以及结合民宿主题所做的室内装饰等。这部分装饰不能单从民宿主的个人喜好考虑，而应充分地了解消费者的心理和习惯，在装饰上尽量简洁、精美，与主题呼应，切忌堆砌没有关联性的物品。民宿涉及的软装成本核算表格可参考表1-2至表1-5。

表1-2　灯具、五金部分成本核算参考

序　号	名　称	品　牌	型　号	单价（元）	数　量	总价（元）
1	马桶					
2	面盆					
3	毛巾/水杯架					
4	花洒					
5	化妆镜					
6	卫生间灯					
7	卫生间排风					

序　号	名　称	品　牌	型　号	单价（元）	数　量	总价（元）
8	客厅灯					
9	卧室灯					
10	楼梯灯					
11	大厅灯					
12	水龙头					
……	……					

表 1-3　家具成本核算参考

序　号	名　称	品　牌	型　号	单价（元）	数　量	总价（元）
1	床垫					
2	床架					
3	房门					
4	卫生间门					
5	防火门					
6	L形沙发					
7	茶几					
8	折叠沙发					
9	书桌					
10	椅子					
11	行李架					
12	床头柜					
……	……					

表1-4　电器成本等核算参考

序　号	名　　称	品　牌	型　号	单价（元）	数　量	总价（元）
1	电视					
2	电话座机					
3	电吹风					
4	热水壶					
5	保险柜					
6	打印机					
……	……					

表1-5　客用品成本核算参考

序　号	产品名称	规　格	单　位	数　量	单价（元）	总价（元）
1	床单					
2	被套					
3	枕套					
4	被子					
5	枕芯					
6	毛巾					
7	浴巾					
8	地巾					
9	浴室防滑垫					
……	……					

2. 运营成本

民宿运营成本是指在运营过程中提供相关产品而产生的成本，其既与民宿的运营模式相关，也是民宿运营过程中的固定支出金额，包括房租成本、人工成本、水电成本、消耗品成本、维修和维护成本、营销成本等。

（1）房租成本

民宿房租是指房屋租赁人付给房主的租赁押金和租金，也就是租住房屋要付出的钱。需要特别注意的是，有部分民宿利用的是自有住房，这并不意味着不产生房租，因为房屋本身具有自身的价值，无论经营的物业是自有还是他有，在民宿经营过程中都产生了成本。根据国内的经验，房租一般占民宿运营的 1/6 到 1/5。

（2）人工成本

人工成本是指民宿一定时期内，在生产、经营和提供劳务活动过程中因使用劳动力而支付的所有直接费用和间接费用的总和，包括民宿雇用员工的工资、社会保险费用、福利费用、教育经费、劳动保护费用、住房费用，以及其他人工成本支出。民宿一般提供的是有限服务，也就是说，很多环节是要让客人自己动手的。所以，一般民宿的员工客房比在 0.2~0.3。为了提高消费者的入住体验，民宿管家的功能相当重要，其能够依赖自己较高的素养，为客人提供高标准的服务，进行日常运营，并且传播民宿文化。部分民宿由民宿主和自己家人来打理，这部分劳动力产生的价值也应纳入人工成本。

（3）水电成本

水电成本是指民宿在运营过程中所产生的水费和电费。按照规定，民宿的水费和电费应该按商用标准计算。

（4）消耗品成本

民宿消耗品主要包括洗发水、沐浴露、一次性牙刷、牙膏，以及其他配套的供客人免费试用的产品等。此外，民宿送洗布草产生的费用，也应包含在内。

（5）维修和维护成本

民宿硬件、电器等产品的使用年限取决于日常的使用方式。如果在日常运营过程中，只是一味使用，缺乏定期维护和保养，将大大减少其使用寿命，增加维修和维护成本。因此，民宿的维修和维护成本必不可少。

（6）营销成本

民宿的营销渠道比较宽，当前各种短租信息平台和专业民宿平台发展已经相当成熟，信息费大概在 8%～12%，除了可以在第三方平台发布信息，通过自媒体发布信息是各民宿的首选，好的民宿公众号运营得都比较成功，公众号与公众号之间的友情链接也是重要的宣传方式，公众号内容的含金量相当重要，什么样的文化输出决定了该民宿会吸引到什么样的住客。

（二）民宿的成本预算

为了更好地控制民宿运营成本，进行合理、全面的成本预算非常有必要。一般来说，民宿成本预算需要考虑以下四点。

1. 间夜原则

在考虑民宿成本时，要将所有成本平摊到每个房间每一夜的水平，为定价提供基准。这里间夜成本有两种计算方式。

第一种是 100% 出租率时的间夜成本 = 年运营成本总额÷房间总数÷365 天。比如，民宿全年运营成本为 60 万元，如果该民宿有 10 间房，那么，该民宿的间夜成本应该为 600000÷10÷365，即该民宿 100% 出租率时的间夜成本约为164.38 元。

第二种是高间夜成本 = 年运营成本总额÷房间总数÷（365 天×出租率）。比如，民宿全年运营成本为 60 万元，如果该民宿有 10 间房，实际出租率只有50%，那么，该民宿的间夜成本应该为 600000÷10÷（365×50%），约为 330 元。民宿定价应该高于高间夜成本。

2. 装修回收期

做成本预算时一定要估算好装修回收期。一般装修回收期在 3～5 年比较合理，在此情况下，装修投入的费用不管是按照利率计算还是按照其他项目投资对比来看，都较为合理。

3. 价格体系

民宿经营时有一个相对普适性的公式：客房数量×客房最低价×280 天×70% =

全年房租+全年人工支出+全年损耗支出+全年水电费+装修费用每年均摊。我们通过这个公式可以计算出客房最低价。这里的 280 天指的是淡季天数，从国内的民宿经营情况来看，一般民宿能保证每年 90 天满房，并且满房的时候价格不会低。70%是全年出租率的估算。一般情况下，价格体系确定后不能随意变动，应在这个价格上下有限浮动。

4. 装修材料

在进行成本预算时，民宿应选用一些能够长久使用的物品，尽可能地选择一些再回收时还能够保值的物品来进行装修和装饰。现在很多民宿在装修选材时并没有考虑到选材的耐用性，这样对自己以后的经营支出会有很大影响。因此，民宿在选择装修材料时，既要注重保值，又要注重耐用性。

（三）民宿的成本控制

民宿可控成本主要集中在四个方面：人力成本控制、物耗成本控制、能源成本控制、销售成本控制。

1. 人力成本控制

人力成本是民宿运营时占比较大的支出，如果能合理用工，有效提高劳动效率，则可以大大节约人力成本。人力成本控制具体方法包括以下四点。

第一，优化人员体系架构，精简人员，通过对每个岗位、工作量、淡旺季进行分析，在保证服务和工作质量不变的情况下，优化人员体系架构，精简现有人员。

第二，提高员工综合素质，加强员工培训，提高工作能力，使之由工作单面手变成多面手，从而减少对员工数量的需求，把每一位员工打造成能接待客人、能做网络推广、能维修设施、会打扫卫生的全能人才，如重点培养或者招聘专业素养高、能力强的民宿管家。

第三，制订合理的薪酬方案。很多民宿采取传统、单一的固定薪酬体系。这种体系的弊端很明显，旺季时，民宿盈利较多，此时员工付出多，但工资没变，这会打击员工的积极性；淡季时，民宿盈利较少，此时员工付出相对较少，但工资依然没变。这都会影响到民宿利润。民宿可以采用基本工资+绩效工资+福利这种薪酬体系，这种形式更加多样灵活。多劳多得、能者多得，能够极大激发员工的积极性，从而提高工作效率，创造出更多利润。

第四，淡旺季人员合理安排，减少人员成本支出。淡旺季客流量的差别，尤其体现在客房打扫卫生人员的数量上。对于这种差别，要灵活安排人员。比如，在旺季，在保证现有人员不变情况下，可以通过兼职形式来招聘打扫人员；或者通过时间调整，安排其他人员一起打扫。

2. 物耗成本控制

物耗成本涉及范围较广，是成本控制中可控空间最大的一个。如果对物耗成本进行合理有效的控制，在整体上形成一套采购、使用流程制度，加强易耗品数据统计分析，提高人员节约意识，能够最大限度上提升利润空间。具体操作方法包括以下两个方面。

（1）客房物耗成本控制

一方面，根据民宿文化理念及其所处位置选择易耗品，如处在海边的民宿，要倡导保护环境，不使用一次性易耗品。客人往往也能够理解，从而节省了部分易耗品的支出费用。另一方面，在不影响房间入住体验感的情况下，根据价格、淡旺季情况搭配不同（数量、质量）易耗品，如在旺季房间价格高的情况下，房间易耗品可以为六件套甚至十件套。在分量上，有些物品可以选择小瓶装。在淡季房间价格低的时候，民宿应减少易耗品套装数量。一些易耗品可以放在前台，客人有需要可以到前台来取。

（2）餐饮物耗成本控制

餐饮成本的控制直接影响到餐饮营业收入和利润，进而影响到民宿的整体收入。餐饮成本要从整体上进行控制，包括采购、库存管理、粗加工、切配、烹饪、服务、结账、收款等环节。在这个体系中，每个环节都会影响到成本。食材最好就地选购，减少运输成本。如果采购量大，民宿应挑选合适的供应商，并建立长期的合作关系，保证食材供应稳定及食材价格低于市场价格。民宿还应做好库存管理，库存管理不当，则会出现食物变质等情况。在每天需求量少的情况下，民宿应减少库存数量，做到当天定量采购。

很多民宿会提供免费早餐。在这个环节中，如果没有合理预估，会造成食物浪费。解决方案包括以下三点。第一，制定早餐提供时间表，灵活调整早餐提供的种类。在保证食物质量的前提下，根据季节及食物价格，灵活更新早餐提供种类。第二，量化食物，做到某些食物提供量与客人数量相对应，如可为每位客人提供一杯牛奶或两个鸡蛋。在准备的时候，也可以稍微多出一些，防止出现客人不够吃的情况。第三，根据每天客人剩余食物量更换食物种类及调整食物数量。

3. 能源成本控制

水、电、气的费用支出会占到民宿支出的很大一部分。在水、电、气费用不变甚至上升的情况下，只有合理、节约使用，才能降低成本支出，从而实现成本控制。在进行能源成本控制时，总体上要制订合理的水、电、气使用规则，杜绝浪费，提高客人和员工节约使用水、电、气的意识。第一，根据季节、天日长短调整晚上的亮灯时间、亮灯位置，如夏季 19：00、冬季 18：00 打开走廊、大厅、招牌等灯，24：00 熄灭除走廊以外所有的灯，早上 7：00 熄灭走廊灯。第二，根据情况，更新、更换大功率用水、用电、用气设备。这样虽然短时间内会产生成本支出，但从长远角度看，则减少了成本支出。第三，水的循环利用，尽量做到一水多用，如清洁客房的水可以用来浇花、浇草等。

4. 销售成本控制

民宿的销售渠道较窄，导致其过度依赖 OTA 平台。而 OTA 平台的佣金一般达到价格的 15% 左右，这对民宿这种量小的住宿形态来说，是一个不小的负担。控制的方法包括三点。

第一，拓宽销售渠道，减少对 OTA 平台的依赖，降低佣金成本，如提升服务、提升客人入住体验感，从而借助客人的口碑宣传，拓宽客人来源渠道。

第二，根据淡旺季客流量，适当地进行房态操作，如春节期间，线上线下客流量巨大，如果民宿有 20 间客房，那么可以拿出一部分在 OTA 上销售，一部分在线下销售。全部在线下销售也不妥，这会影响到民宿与 OTA 的合作及民宿在 OTA 平台上的排名。

第三，加强网络营销推广，拓宽直销平台客源。

三、民宿融资

（一）众筹

现行众筹平台最主要的众筹方式有消费众筹和收益权众筹。在消费众筹中，投资人将资金投给民宿发起人用以建设，待民宿开始营业后，筹款人按照约定，无偿或优惠为投资人提供服务住宿接待或其他服务。收益权众筹，是指投资人在将资金投给民宿项目后，投资人享有项目对应股权部分的分红或一定份额的消费权益。这种众筹的方式只需要用合同的形式来明确权利、义务，而且是合规合法的，不需要做股权转让。对小而美的民宿业态来说，众筹也许是目前最好的融资方式。它不仅能帮助民宿解决资金、用户的问题，更能保护创始团队的控制权。因为这些投资人并没有投票权，不能干涉民宿的运营，只能获得分红。

（二）股权融资

在旅游业迅猛发展、消费升级的大背景下，资本在旅游行业的投入也出现了迅猛增长。而作为旅游细分领域的非标住宿，自然备受资本青睐。这几年，携程、美团，以及地产商们纷纷看好民宿领域，希望利用资金、流量及管理优势，分得一份市场。对希望做成规模化连锁品牌的民宿来说，股权融资是更好的选择。资本的介入，较好地解决了民宿扩张的资金问题，大大提高了民宿发展速度。同时，某些特定投资人，可以给民宿提供资源，如投资人有物业资源的可以进行物业导入，投资人有市场资源的可以扩张市场。

第二章　民宿的设立

第一节　民宿的组织结构

组织结构是表明组织各部分排列顺序、空间位置、聚散状态、联系方式以及各要素之间相互关系的一种模式，是整个管理系统的"框架"。和所有组织一样，民宿也具有自己的组织结构。

民宿的规模大小、市场定位、等级、服务产品等因素不同，组织结构也会有所不同。在现今这个快速发展的社会，民宿只有根据自己的实际情况设计符合自己个性需求的组织结构，才能应对激烈的市场竞争，才能培育与竞争对手抗衡的能力。

民宿的组织结构是民宿工作职能的主要依靠。组织结构的设置必须以顾客满意为目标，以提升产品服务品质为原则。一个沟通顺畅、设置合理、机构人员精简、人工成本节约、能满足客人要求的组织结构尤为重要。

一、单体民宿的组织结构

对于单体民宿而言，房间数量的多少决定了其组织结构的设置。

房间数量在 2~5 间的民宿，民宿主一人可身兼数职：创始人、老板娘（老板）、前台、保洁、公众号运营人员、夜间值班人员、向导、司机等。其组织结构可简单地划分为民宿主+员工（清扫员），此模式下民宿主和员工基本为多面手，一人可以承担若干项工作任务。小型民宿组织结构见图 2-1。

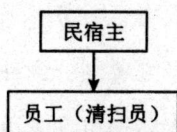

图 2-1　小型民宿组织结构

　　房间数量较多（5 间以上）的民宿，涉及的工作繁杂、专业，必须要有一个靠谱的团队和专业分工，其组织结构可以划分为民宿主+前台+清扫员+民宿管家，见图 2-2。

图 2-2　中型民宿组织结构

二、连锁民宿的组织结构

　　连锁经营的民宿除了每家门店有相应的组织结构，还需要有一个强大的运营团队，如 CEO+设计部总经理+运营部总经理+工程部总经理+运营部副总经理，见图 2-3。

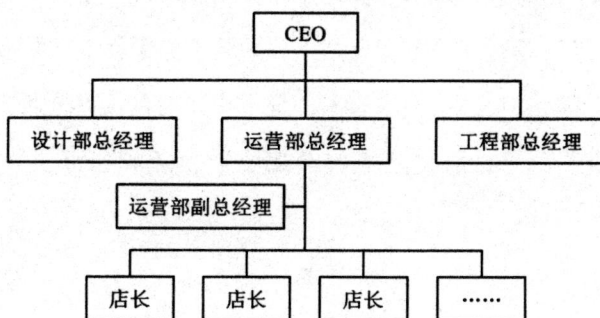

图 2-3　连锁民宿组织结构

在每家门店的团队搭建中，人力、财务、采购、工程等每个部门或者分支的工作都缺一不可，这些工作内容不需要细分到独立部门，但是需要有专人来负责相应模块的运营。每家门店的组织结构可参考单体民宿组织结构。

第二节　民宿的工作岗位设置及职责

一、民宿的工作岗位设置

（一）民宿主/店长

民宿的主人关系到整个民宿的灵魂。在民宿定位中，民宿不能没有"主人"。民宿主既可以是当地人，也可以是来了当地不愿离开的外地人。民宿主（老板娘/老板）带给客人的是一种有"温情"的服务，而很多民宿主本身也是一个有情怀的人。民宿主经营的不仅是一家店，更是一个家。将民宿主人自身的兴趣特长、专业优势以及过往经历，打造成一个专属的故事，就是一种情怀。

连锁民宿品牌的每家店都会有一位店长实际负责民宿的运营与管理，店长一般都是在有经验的民宿管家团队中选出来的对工作充满热情和激情的人。

（二）前台

民宿前台除了给客人办理入住登记、结账离店手续，主要负责接听电话，协调安排工作，以及行李寄存服务。民宿入住系统不同于标准住宿业入住系统，有些民宿客人甚至直接在房内由民宿管家办理入住，前台负责录入客人身份信息以备相关部门检查。此外，前台还需提高安全防范意识，密切关注民宿的安全问题。

（三）清扫员

民宿清扫员主要负责民宿房间及公共区域的保洁工作，卫生问题是出门在外的人永远关心的问题。清扫员需要负责床品的一客一换、卫浴用品等的消毒、地面的清洁、垃圾的清理以及其他细节的整理工作，让客人住得放心、住得舒心。

（四）管家

在民宿团队中，最重要且事务最为繁杂的职位，非民宿管家莫属。管家主要负责客人抵店前、住店期间与离店时三个阶段的全面接待工作，要在基础工作流程之外为客人带来"更大的惊喜和感动"。

一方面，管家这一职位是没有太多的时间重新学习经营管理之类的理论知识的，其需要的是本身就具备相关技能和经验；另一方面，管家需要比其他职位的员工拥有更高的对行业的热情。相较于其他岗位而言，管家的重要性和稳定性要求会更高。

（五）其他

1. 厨师

有些民宿设有厨房，可以提供餐饮服务，那就需要寻找有特色的厨师，如当地菜厨师，为客人提供地道的本地菜肴；如西餐厨师，让客人感受异国风味。总之，餐饮要有特色，厨师要能抓住客人的胃。

2. 司机

很多民宿位于乡村郊外，对非自驾游的客人而言，交通是一个大问题。民宿专车接送能够为客人提供点到点的服务，也是民宿的一大卖点。司机可以是民宿员工，甚至可以由老板兼任。

3. 导游

为客人量身定制旅游线路，让其体验到不一样的当地风情，也是民宿的一大卖点。民宿老板、管家都可以兼任导游这一职位。

4. 客服

相对而言，对民宿客服的要求不像管家那样严格。客服既可以是普通的大学生，也可以由上班时间相对自由的都市年轻人兼任，还可以是全职客服。

民宿客服主要负责的内容就是在 OTA 平台上与客人进行初步沟通，确认订单后通过聊天的形式给客人介绍民宿的相关信息等。这个岗位，最重要的一点要求就是责任心和细心。因为对很多民宿主尤其是有很多间民宿在运营的民宿主而言，其可能会同时在好几个平台上挂房源，这时客服不仅要了解每个平台上的相关房源，还要在房间预订出去的同时及时关闭其他平台上的预订窗口，所以责任心和细心相当重要。此外，作为客服，其本身一定要有足够的耐心和一定的素养，在和形形色色的人交流的过程中，要做到情绪稳定、不焦躁。

其实，很多民宿主自己也在充当客服的角色，但是在民宿规模逐渐扩大的情况下，培养靠谱的客服，势在必行。

二、民宿的工作岗位职责

（一）岗位职责描述

岗位职责通常由岗位名称、管理层级关系、基本职责、工作内容和任职资格等内容组成。标准住宿企业（如酒店）一般都会有一套完备的岗位职责描述，民宿属于非标准住宿业，体量小，组织结构相对简单，其岗位职责主要涵盖岗位名称、基本职责、工作内容和任职资格四个方面。

（二）岗位职责描述范例

一、岗位名称

民宿管家。

二、基本职责

负责客人抵店前、住店期间与离店时三个阶段的全面接待工作，在基础工作流程之外为客人带来"更大的惊喜和感动"。

三、工作内容

第一，实时掌握预抵宾客信息和房态、天气、交通等信息，提前做好服务准备；

第二，负责宾客从入住到退房的全程贴心服务，包括客房服务、餐饮服务、宾客活动服务等；

第三，作为宾客服务的主导者，统筹、协调各部门共同为宾客提供优质、专业的服务；

第四，与宾客保持良好的沟通，了解宾客各方面的需求和意见，及时落实并解决；

第五，及时有效地解决宾客投诉，以及协调处理民宿突发事件；

第六，熟悉酒店管理系统，掌握前厅服务的专项业务和技能，能为宾客办理入住登记和离店结账手续；

第七，准确掌握酒店各类信息，为宾客提供问询服务。

四、任职资格

第一，专业不限，酒店管理、旅游管理专业优先；

第二，具备良好的宾客服务意识和服务态度；

第三，为人诚实正直、态度端正，工作认真负责，充满热情；

第四，有良好的团队合作精神和沟通、协调、应变能力；

第五，具备基本的英语听说能力；

第六，对生活充满热情，对新事物充满好奇心。

三、个性化、特色化的员工服务

民宿虽然属于非标准住宿业，但其服务过程也必须符合标准化的操作流程，如客房清洁消毒工作的开展、前台办理入住登记的流程等。但是，在此类标准化操作之外，民宿之所以吸引客人，就在于其个性化的地方，如独特的选址、个性化的设计、当地的菜肴、当地的风俗民情等。其中，民宿员工的服务品质，尤其是个性化、特色化的民宿服务是最打动客人的，也是民宿赢得口碑的最大亮点。因此，民宿里的每一位服务人员都应充分调动自己的服务热情，以愉快的精神状态，激发自身的主观能动性，从而为客人提供流程之外的个性化服务。

第三节 民宿的人员配备

一、不同类型民宿的人员配备

(一)单体民宿

单体民宿需要配备的人员主要包括民宿主、管家、前台、清扫员。此外,可根据民宿自身特点增设相应岗位,如提供餐饮服务的需要配备厨师及后厨人员,后厨人员可由清扫员兼任,也有一些民宿与乡村村民合作,厨师就由当地的村民来兼职;还有一些岗位,如司机、导游可以由本民宿内员工兼任。民宿要注重挖掘民宿员工潜能,更大化地发挥每一位员工的效能;同时,还要与当地村民保持良好的合作关系,拓展个人的人际圈子,以便及时满足民宿用工需求。

(二)连锁品牌民宿

对连锁品牌民宿而言,每家独立门店的人员配备基本与单体民宿类似,岗位及人员配置无太大差异。但民宿在做品牌化及对外扩展计划时,要注意人力资源的开发及培养,如培养有潜力的店长及管家队伍,在吸引本地居民就业的同时有计划地引入年轻的团队,对其进行培养、发展,从而为品牌的扩张储备人才。

二、民宿人员配备原则

民宿成本主要是租金成本和人力成本,如果对某些功能性区域进行整合,让工作人员同时兼顾若干职责,那么在人员配备时,就能减少岗位设置,这样将员工整体利用起来,才能降低人员成本。

民宿业是服务性行业,人性化的民宿服务需要人来提供,民宿里"人"的要素非常重要。"节约人力成本,开发人力资源,创造最大价值"是民宿经营必须考虑的问题。

(一)高薪养人

为了减少人员流动性,"薪酬领先"是一个重要的做法。例如,民宿管家拥有行业内较高水平的待遇，那么其往往会以更好的工作状态服务客人，给客人更贴心的服务。

（二）培养复合型人才

创业初期的民宿应该找全能型的"伙伴"，除了基本的工作能力，如果还会做饭、拍照、写文，那就是"捡到宝"了。当然，这种人才可遇不可求，民宿应该花时间慢慢培养复合型人才，这样也是可以省省人力成本的。

（三）在地性

民宿要与当地居民和谐共存，为当地居民创造就业机会。民宿管家可以在当地居民中挑选合适的人进行培养，这样也能减少人员的流动性。

管家、前台可以按照本地人和外地人1∶1的比例进行招聘，一般的要求是人品好、性格和善、可塑性强、有团队意识。1∶1的比例是因为一般外地员工更容易上手工作，但是稳定性不够；本地人稳定性高，但需要时间来培养。保洁、厨师、采购则基本上选择当地人，基本要求是真正有工作需求和团队意识。

（四）价值观认同

如果说民宿是一种诗与远方的美好，那么民宿从业者就是制造这份美好的幕后人物。树立民宿工作者的价值观很重要。当员工认同这一价值观时其往往会对工作更有兴趣、有动力，这是经营好民宿很重要的前提条件。

（五）学习和成长空间

给予员工可预见的晋升机制与职业发展规划也是经营好民宿的有效方式之一。这一条原则主要适用于品牌民宿，有更大的上升空间，更明确的晋升机制，员工就会觉得这是个令人安心的职业环境。只有与员工建立了这样的心灵联系，才能更易留住核心人才。

单体民宿也应该在培养人才上注重设置学习和成长空间，让员工在工作之余通过培训、访问交流等形式拓宽视野、提升技能，从而更好地为民宿服务。

三、民宿人员招聘及培训体系

在民宿的运营过程中，员工管理分为三个阶段。

（一）第一阶段（创业初期）

在民宿刚开业时，也就是创业初期，在各方面条件都不成熟的情况下，建议选择身边熟悉并且干活积极的人，这时候民宿工作人员以亲属或是熟人为主，这样便于各方面工作的安排与开展，同时，因为知根知底，可以更好地"互补"。这个阶段最重要的一点就是信任。

（二）第二阶段（稳定期）

民宿运营到一定时期，便需要有持续的人员培养机制。此时，民宿可以通过各类招聘渠道，招聘相对应的人才。比如，OTA专业人才、客房管家、厨艺好的厨师、甜品师或者咖啡师等，根据店内具体的情况分析，确保人员满足民宿经营需要。

（三）第三阶段（成熟期）

民宿运营到成熟稳定期的时候，民宿主要有对新进员工快速培养、培训的能力，做到用人而不依赖人。比如，某民宿每月会有1~2名新员工，基本上只要培训2天，一般的基础活儿，如接待、卫生、入住、结账等流程，新员工就能得心应手。

民宿需要拥有系统的培训体系。每个新入职员工都需要进行系统培训，理论+实操的培训可以使员工在短时间内就融入企业文化，不仅习得工作技能，更对企业文化产生认可，从而更好地为民宿服务。

第三章　民宿产品

第一节　民宿产品的概念和构成

一、民宿产品的概念和构成

每种产品都有两个方面的内容：特征和益处。前者指的是产品本身的有形特征，如客房的大小设施与装饰，后者指的是使用产品给顾客带来的益处。

从供给者的角度看，民宿产品是指民宿企业为客人提供的能够满足客人某种需求和欲望的有形的、可以计量的物品和附着在有形物品之上的无形服务。它由若干个不同要素组合而成，不仅包括具体的民宿产品，如客房、餐饮等，还包括各种服务。

二、民宿产品的构成

一般认为，民宿产品由五个部分组成，每个部分都可能给客人带来不同的感受和利益。

（一）地理位置

民宿的地理位置是指其与机场、车站、码头、商务中心、旅游景点的距离及其周围的环境状况。这些都是客人在选择民宿时需要考虑的因素。地理位置的好坏意味着交通是否方便、周围环境是否良好等。

（二）设备与设施

民宿的设施设备是指民宿的建筑设计、规模、结构以及建筑内部的设备与格局等，包括客房、餐厅、酒吧、会议室等。民宿设计是否新颖、风格是否独特、外表是否美观、安全状况如何等都会影响客人的选择。

（三）服务

民宿的服务包括服务内容、方式、态度、效率等。民宿所提供的服务的种类和质量是客人选择与评价酒店时的重要指标，优质的服务应体现在服务态度、服务技能、服务效率、服务理念，以及环境的舒适、安全与卫生上。

（四）形象

民宿的形象指的是客人对设施、服务、地理位置与内外环境等各种因素的印象的总和。

（五）价格

民宿的价格既表示了民宿通过其地理位置、设施与设备、服务和形象给予客人的价值，也表示了客人从上述因素所获得的满足。

因此，从客人的角度看，民宿产品是客人通过支付一定的时间、精力和金钱所获得的一连串的生理、经济、社会、心理满足或不满足的结合体。客人眼中的民宿产品，不仅是他在消费过程中所购买的一个床位、一个餐厅座位、一次接送服务等，而是民宿资源、设施设备等有形产品与民宿服务人员提供的一系列无形服务的综合体。

三、民宿产品的特征

（一）住宿类产品的共性特征

民宿产品作为住宿类产品，具有以下共性特征。

1. 有形产品与无形服务的结合

客房、餐饮、各种康乐设施都是有形产品。但是，客人的住宿、用餐与活动，几乎时时刻刻都离不开工作人员提供的服务——无形服务。有时，无形服务比有形产品更为重要。

2. 不可储存性

对住宿类产品而言，这至少有两层含义。一方面，客房、会议室等，一天不出租，一天就不能创造价值。它们作为住宿产品的组成部分，不能像工农业产品那样储存起来，日后再卖。另一方面，无形服务同样不可储存。

3. 生产与消费的同步性

民宿产品的生产必须以顾客来到民宿消费为前提，即以顾客需求为前提。民宿服务人员向顾客提供服务的时候，正是顾客消费的时候。

4. 季节性

民宿产品的生产与消费具有季节性，特定时间、特定区域的市场需求有淡旺季之分，呈周期性变化。比如，周末、国家法定节假日是民宿产品生产与消费的旺季；民宿所在区域的旅游旺季也是民宿产品生产与消费的旺季。

（二）住宿产品的自身特征

民宿产品还具有以下四点自身特征。

1. 依附性

民宿最初是作为旅游旺季时的住宿补充出现的，且大多在旅游景区附近，所以具有很强的依附性。有学者通过回归分析发现民宿与休闲农渔业、观光游乐业等有显著关联，这说明民宿的发展与观光资源有关。

例如，凤凰古城的民宿不是每一家都有优越的地理位置，但可以从不同角度欣赏凤凰古城的美。为了一览最美的古城美景，民宿主将自家民宿设在半山腰上，而为了不破坏生态环境，便采用了最生态的青石板铺路。虽入住不一定便捷，但民宿提供了一个更自然、更具诗意的环境。位于古城最核心、最繁华的沱江泛舟风景区的某江景客栈，拥有不错的观景台，俯江而望，来上一杯咖啡，远离喧嚣，可获得美的享受。而位于凤凰古城沙湾景区的某民宿，后倚空气清新、植被茂密的奇峰山，推开门窗抑或站在露台，美景一览无余，独自一人或三五好友，无论是品茗茶还是喝啤酒，都将获得一次"盛大"的视觉体验和美的享受。

2. 地方性

作为"小而美"非标准化住宿的民宿，其"美"的来源就在于充满了地方风味。建筑材质、房屋布局、室内装饰、设备设施、餐饮菜肴、庭院设计等都呈现着本地风貌，不仅满足了游客的住宿需求，更是承担着深度体验功能的地方载体。

很多民宿由当地具有历史意义的老房子修建而成，其本身就是历史文化积淀下的产物，如花间堂系列——"花间堂·丽则女学"，就是在当地传统建筑基础上进行创新设计的，其基本保留了古建筑的风韵，并重新演绎了每栋房子的历史和故事，将地方人文特色与家的理念融入设计；同时，借助民宿这个媒介，对地域文化特色进行完美展现。"花间堂·丽则女学"由民国时期的女校改造而成，保留了百年前的校门和学校的整体框架，以婉约、细腻、温情的方式，打造了独具特色的民国名媛女学风华之旅，以人文休闲度假模式，传达了中华之美。

3. 交互性

除了有形产品上被赋予的地方性特征，无形服务更是深化了游客的地方氛围体验，而这种无形服务来源于民宿中主客交往的互动过程。主客的闲暇聊天、农事体验、景点咨询、安全提醒、代订服务等都会让游客感觉到个性化、定制化需求的满足。

这种交互性让民宿充满了浓浓的"人情味儿"。民宿主人正是民宿区别于传统酒店的关键。在传统酒店服务业，游客接触的基本是标准化的服务，所有的沟通甚至微笑都是标准化的，令人有距离感。而在民宿中，则是朋友与亲人的感觉。例如，在凤凰古镇的民宿里，民宿主人多用兄弟姐妹的称呼，显得亲切自然、随和温暖。民宿主人往往会穿着当地服装或者自己喜爱的任意服装，会亲自去车站接送游客，会邀请游客共进晚餐……一个有情怀的民宿主人，可以让民宿产品独具魅力。

4. 家居性

民宿与传统的酒店住宿呈现不一样的体验感，在装修风格、物品摆放、服务提供方面更接地气，更个性化、定制化，使游客感觉像在自己家里一样舒适自如。

第二节 民宿产品组合

一、民宿产品组合

大多数顾客进民宿不是来消费单个分类产品的，而是消费分类产品的组合。因此，民宿仍然需要经营多个产品项目和产品品种，以避免经营风险，如民宿不仅提供住宿，还有特色餐饮、茶道、花道、文化体验活动等。产品的功能组合也被称为产品的搭配，是指一个企业提供给市场的全部产品线和产品项目的组合或搭配。民宿产品功能组合也就是民宿经营的全部产品线的组合方式或搭配。民宿产品组合有一定的宽度（广度）、长度、深度和关联度。

从数学角度来说，宽度、长度和深度的内容越多，组合出来的局部产品就越多，但这并不一定是经济的、有效的。产品种类越多，成本越高，投入的服务就越多，质量也就越难以保证，所以民宿要根据自身的人力、物力、财力及风格特色来选定产品组合规模，否则，一味追求产品多样化，不断开设新服务项目，"摊子铺得太大"，将难以收到预期效果。

二、民宿产品组合的策略

民宿产品组合的宽度、长度、深度和关联度在经营决策上具有重要意义。民宿可以通过扩大或缩减原有产品组合规模来实现更好的发展。民宿应该采取哪种组合策略，主要取决于民宿的目标消费者对各种产品的需求情况、民宿自身的生产能力及其竞争对手所采取的产品组合策略。一般来说，民宿可以采用的产品组合策略有以下五种。

（一）增加民宿产品组合的宽度

增加民宿产品组合的宽度可以满足不同层次、不同特征消费者的需求，使其占领更大的市场份额，提高市场占有率，提高民宿的知名度和美誉度，并进一步把市场上的良好声誉用于新增的产品，以此来分散民宿经营的风险，增强竞争力。

（二）减小民宿产品组合的宽度

在市场竞争非常激烈时，为了充分发挥民宿资源的最大效用，民宿也可以选择放弃部分产品，集中力量经营特色产品，以减少资金的占用，提高资金利用率，及时为市场提供适销对路的产品，降低民宿经营成本。

（三）增加民宿产品组合的深度

增加民宿产品组合的深度，即增加民宿产品品种，从而在市场细分的基础上扩大市场规模，满足不同消费者的需求，提高市场占有率，生产上实现量少类多，以利于经济效益的提高。

（四）减小民宿产品组合的深度

较少的民宿产品组合，便于民宿集中力量发挥专长，开发新产品，创建名牌产品，吸引消费者，以增加单种产品的销售量，从而通过规模生产降低民宿的生产成本。

（五）提升或降低民宿产品组合的一致性

提升民宿产品组合的一致性，有利于在特定区域内博得好的声誉；降低民宿产品组合的一致性，有利于进入不同的领域。

总之，民宿产品组合的目的在于在既定的价格范围内增加产品附加值；强调民宿产品的可靠性，树立良好的企业形象；运用独特的设计风格，使自己的产品比竞争对手的产品更好、更物有所值。

三、民宿产品策略的选择

（一）单一化产品策略和多样化产品策略

这里指的是民宿的经营范围。一家民宿可以把自己的经营范围集中在较小的范围内，如传统的食与宿两个方面，甚至仅提供住宿，配以必要而简单的服务。自然，如果条件许可，一家民宿也可以扩大经营范围，以食宿为基础，提供康乐等其他设施；还可以经营与当地民俗文化有关的各种活动，如民俗体验、亲子活动等。

民宿不能盲目着眼于旅游高消费项目。客人对民宿产品和服务的需求存在巨大的差异。如果人、财、物条件有限，那么，只要定位恰当、经营有方，一家设备简单、经营范围有限的民宿同样能创造出良好的经济效益。

在旅游资源丰富且交通便捷的区域，民宿的产品即便只有住宿，或再加简单的早餐，往往都能有良好的收益。比如，在江南水乡古镇周庄、乌镇，景区内保留着大量可做民宿的民居。景区内有着丰富的民俗旅游资源，还有传统与现代交织的餐饮小店，因此，民宿只要突出住宿功能，且能体现当地民居特色与设计风格，就能满足宾客在古镇的生活体验，让其感受古镇白日的喧嚣、夜晚的宁静、晨间的清朗。

而对于那些本身可作为旅游目的地的民宿，如坐落于风景度假区周边的民宿，则其产品就需要相应地更丰富一些，除了客房产品，民宿需要开发更多相关产品，如本地特色的餐饮产品，可以是精品宴席，也可以是亲自动手来体验的手制点心，或者对茶文化的体验，等等；还可以增加如亲子活动、小型会议、团建活动等，从而提升民宿的吸引力，以此获取收益。

究竟采取单一化产品策略还是多样化产品策略，既取决于民宿的人力、物力，也取决于民宿的定位，更取决于市场需求。

（二）标准化产品策略和差异化产品策略

1. 标准化产品策略

标准化产品策略不只是指民宿应建立各种规章制度，加强培训与质量控制，以保证自己提供的产品与服务达到一定的标准与水平，更重要的是指民宿提供的产品与服务应能够为更多旅游者所接受，从而达到一个相对高的标准。尽管民宿被称为"非标住宿"，但是对于住惯了大酒店的客人而言，民宿除了应具备自有的风格外，其某些硬件设施也必须达到一定的标准。比如，即便是经济型酒店，也会拥有独立的卫生间，因此对于那些由旧屋改造的民宿，即便原本不具备独立卫浴，也需要在改造的时候充分考虑并满足客人这一需求。事实上，为了增加客人的入住舒适度，提升民宿的吸引力，很多民宿的客房产品在硬件设施上完全不输于高端酒店，其不仅设有独立卫浴，配置了中档甚至高档的卫浴用品，还会铺设地暖以弥补空调在冬日供暖的不足，甚至会提供名品寝具，以及增设现代化、信息化的客房用品。

2. 差异化产品策略

差异化产品策略与整体产品概念是一致的。整体产品概念告诉我们，在市场经济条件下，竞争即延伸，即差异化产品。差异化产品策略指的是，饭店在市场竞争中不断开发与提供新产品、新服务，强调自己的产品服务不同于竞争者，优于竞争者，进而使客人更偏爱自己的产品与服务。

实现差异化产品策略的关键在于民宿必须创造自己的"独特卖点"。独特卖点指的是一家民宿在同质市场上提供不同于其他民宿的产品与服务。可见，独特卖点即差异，而这种差异，就民宿产品而言，既可以是有形的（如客房装饰、菜肴、糕点）等，也可以是无形的（如微笑服务、个别关照）。差异的形式既可以是产品属性上的区别，如民宿设施的优劣，也可以是销售环境上的区别，包括广告宣传、营业推广技巧、范围等方面的差异。不管何种差异，都只有具有两个特点才能真正成为独特卖点：一是对客人来说，这种差异必须具有一定的重要性；二是这种差异应该使客人感觉到。

一个民宿的独特卖点越多、越突出，该民宿在产品销售中便越能多一分优势、多一分成功的机会。

第三节　民宿产品的开发与创新

一、民宿新产品的概念与种类

（一）民宿新产品的概念

民宿新产品是指与老产品在技术、功能、结构、规格、实物、服务等方面存在差异的产品。它是与新技术、新设计、新需求相联系的产品。它有两方面含义：从经营者的角度看，民宿新产品是本店以前从未生产和销售过的产品；从消费者的角度看，只要是与现有产品不同的民宿产品或者凡是能给消费者带来某种新的满足、新的利益的产品和服务均可称为民宿新产品。

（二）民宿新产品的种类

1. 全新型产品

全新型产品是指为了满足人们的需求，开拓全新市场而运用现代科技手段创新的产品。这种产品在市场上从未出现过，主要是针对民宿产品的核心部分进行创新，如新开发的菜肴，新研制的预订、结算或客户管理系统等。对现代民宿而言，可以开发的全新产品主要是一些功能性的设施设备、全新的体验活动及其全新的组合与管理模式。

2. 换代型新产品

换代型新产品是指在现有产品的基础上，做出重大变革后所形成的产品，主要是对民宿产品的形式部分进行改造。比如，客房重新设计装修、民宿的分体式空调改为中央空调加地暖等。

3. 改进型新产品

改进型新产品是指在原有产品的基础上，不进行重大变革，仅对原有产品局部形式进行改变所形成的产品，主要是对民宿产品的延伸部分进行改造。比如，更换服务人员的服饰、根据当地居民的口味变化对菜单进行部分调整。这是民宿吸引消费者、保持和拓展民宿市场的一种重要手段。

4. 仿制型新产品

仿制型新产品是指市场上已经存在、民宿对该产品进行引进并仿制后经营的产品。这种仿制型新产品还应包括在国际市场上已经出现但在国内市场尚属首次问世的新产品。

二、民宿新产品的原则

设计和开发民宿新产品，必须遵循以下四项基本原则：①市场导向原则；②产品特色化原则；③合理的经济效益原则；④不断完善、充实原则。这样，产品才能具有持久的生命力。

三、民宿产品开发的内容

民宿并不只是住宿的地方，它最主要的功能是将当地的人文、自然景观与生态特色融合在一起，让旅客融入当地的生活。因此，民宿产品的开发可以从以下三个方面来着手：

(1) 民宿的风格；

(2) 民宿的内部设计；

(3) 民宿的服务。

四、民宿产品的开发过程

(一) 产品构思与筛选

民宿产品开发的第一个阶段就是实施调研，收集产品构思。民宿产品构思不仅要依靠民宿主，还要依靠多方，如民宿的其他员工（如管家）、消费者、竞争者、产品研发专家、分销商和供应商等。其中，最具发言权的当数民宿产品的直接使用者（消费者）和民宿服务的直接提供者（民宿主）。他们能真实地了解市场需求，并提出最客观的产品构思。

1. 民宿内部公众

民宿内部公众即民宿的主人以及民宿的其他工作人员。其中，民宿主人或管家或其他直接服务于宾客的员工的创意，是民宿内部创意的主要来源。他们与客户直接接触，能及时了解顾客的需求、意见和建议，他们的创意最能体现顾客的需求。民宿的服务人员在直接对客服务中，常常能观察和洞悉到客人的偏好，他们的构思能直接反映顾客的意见。

2. 消费者

民宿的相关人员通过分析消费者反馈的意见和建议，才能开发出迎合消费者需求的产品，从而更好地满足消费者的需求，留住老顾客，吸引新顾客。

3. 竞争者

民宿产品的构思有的来源于竞争对手。民宿有时采取分析竞争对手的产品宣传信息或亲自到竞争对手的民宿去消费的方法来进行产品的模仿或借鉴。

4. 分销商和供应商

分销商可直接与市场接触，提供特定消费者的需求信息，为民宿提供产品构思所需的最新信息。供应商能及时向民宿提供有关新技术和新材料的信息，有助于产品构思的形成。

5. 其他构思来源

除上述构思来源外，民宿还可以通过网络、行业专家等途径获得产品构思。第一个阶段产生的大量构思，并不能都付诸实施，民宿要对这些构思进行比较评价，摒弃获利较小或亏损的产品构思，保留少数几个有吸引力和切实可行的构思。

在进行筛选时，要考虑民宿的内外部条件及经营能力，即评价产品构思与民宿经营目标是否一致，如一致则保留，如不一致则放弃；评价民宿是否有经营新产品的技术、生产销售和财务等方面的能力，如有则保留，如无则放弃；评价民宿是否具备开发新产品的时机，如是则保留，如否则放弃。

（二）产品研制与开发

首先，对构思成形的产品进行商业分析。商业分析是预测一种产品概念在市场上的适应性和发展能力的，包括预测产品的销售量、成本、利润额及收益率；预测产品开发对投入、成本费用、利润的影响；确定目标市场、预测市场趋势、分析产品的市场竞争状况等。

其次，在对产品进行商业分析后，若确定该产品有开发价值，就进入产品的实际开发阶段，将产品概念研制成样品，该样品应满足以下三个条件：消费者认为该样品体现了产品概念报告书中所描述的关键属性；在正常使用情况下，该产品能安全地发挥其功能；该产品能以预计的制造成本生产出来。

最后，在开发服务性产品时，除了必须注意服务性产品的实体性要素，还要注意服务性产品传递系统的建立与测试。

（三）产品上市

在产品正式上市前，民宿还需要进行产品的试产试销。民宿将产品样本研制出来之后，就要根据企业自身的目标市场状况，制订相应的营销组合策略，及时将部分样品投放到市场中去，以便初步获悉消费者对该样品的反应，进而改进、完善产品，调整市场营销策略。

在通过前期的分析和试验后，民宿一旦决定将产品商品化，就要处理好产品上市的成本费用、上市的时机、上市的地点、面向的目标市场及应采取的营销组合策略等方面的问题。

1. 新产品上市的时机

一般民宿在完成产品的试产试销后，应尽快将产品投放市场。但是，如果竞争者的产品开发工作已完成，那么新产品上市时机就要视情况而定了。一是先行上市。这样民宿就能获得先行者优势，优先选择分销商，优先占领市场。二是平行进入。这样民宿就能与竞争对手共同分担产品上市推广的促销费用。三是推迟上市。这样，竞争者已经为产品促销付出了代价，产品已经被消费者接受，消费者也会对产品提出改进意见，后进入的民宿就可以节省促销费用，从而提供更能满足消费者需求的产品。

2. 新产品上市的地点

民宿新产品是在哪个城市或地区上市还是在某几个城市、地区同时上市，需要就不同城市和地区的消费者对该产品的需求强度进行评价。

3. 面向的目标市场及应采取的营销组合策略

特定的产品往往是为特定的目标市场设计的，其只能满足这部分目标群体的需求。因此，特定的产品应到相应的人群中去推广促销，如民宿的亲子活动产品应面向都市家庭市场去营销，营销策略也应有针对性。

（四）收集反馈信息

新产品在市场上销售一定时间后，通常会暴露一定的缺陷。因此，民宿主人应时常对客人进行跟踪回访，收集客人对该产品的意见或建议，从而不断改进产品，提高产品质量。同时，消费者的信息反馈往往是下一个新产品创意的重要来源。

五、民宿产品创新策略

社会经济的发展和科学技术的进步，进一步增加了民宿产品的科技含量，当前民宿产品升级换代速度日益加快，民宿行业的竞争也越来越激烈，因此，不断创新产品是提高民宿核心竞争力的必然趋势。根据民宿产品的整体规划，产品创新的战略重点主要由核心产品、形式产品、期望产品、附加产品、潜在产品五个方面构成。

民宿产品创新应遵循市场导向原则和产品特色化原则，以便不断创新其产品和服务。同时，民宿还应根据社会环境及发展趋势，充分利用自身的资源，选择适合自己的产品创新策略。

（一）长短结合策略

这种策略也被称为储备策略，既考虑到民宿的短期利益，又考虑到民宿的长期利益，着眼于民宿的长期、稳定、可持续发展。采取这种策略的民宿应该有四种产品：一是正在生产和销售的产品；二是正在研制或已研制成功、等待适当时机投放市场的产品；三是正在研究、设计的产品；四是开始进行市场调研，处于产品构思、创意阶段的产品。

（二）主导产品策略

任何民宿都应尽量提供类型齐全的产品，但还要拥有自己的特色和主导产品，主导产品是民宿自身的资源条件和客源市场双向驱动的产物，在一定时期内相对稳定。

（三）高低结合策略

高低结合策略是指高档产品与低档产品相结合，满足不同消费层次的需求，扩大民宿经营产品覆盖面的策略。

（四）创新与模仿策略

创新与模仿策略，是指民宿根据不同细分市场的需求，为了占领市场，获得经济效益，而灵活采取的一种策略。它包括全部创新策略、"拿来主义"策略、仿制改进策略等。

第四章   民宿的接待服务

第一节   民宿的前台接待服务

民宿对客服务是指服务人员面对面地为客人提供各种服务，满足客人提出的各类符合情理的要求。服务人员只有掌握了各项对客服务工作的程序和标准，才能更好地输送服务，提高客人的满意度。

民宿的前台接待服务包括总机服务、客房预订服务、迎宾行李服务、入住接待服务。

一、总机服务

电话是对客服务的桥梁，民宿总机服务的质量直接影响客人对民宿的印象。总机服务在对客服务及民宿经营管理过程中发挥着非常重要且不可替代的作用。民宿一般不专门设置总机人员，通常由前台接待员兼任。

（一）接听电话服务

接听电话服务程序见表4-1。

表4-1   接听电话服务程序

步　骤	说　明
1. 及时接听	（1）前厅服务人员在听到电话铃声后，要立即接起电话； （2）铃声不应超过三声

步　骤	说　明
2. 问好并自报家门	(1) 接听电话要用普通话; (2) 通话时,听筒一头应放在耳朵上,话筒一头置于唇下约 5 厘米处,中途若需与他人交谈,应用另一只手捂住话筒; (3) 简单问候,迅速报出民宿名称
3. 认真接听	(1) 电话接线要迅速、准确; (2) 接听电话时要精力集中,如两部电话同时铃响,先接其中一部,向对方致歉,请其稍等一下,迅速接另一部
4. 使用礼貌用语	(1) 接打电话时要注意使用礼貌用语,任何时候都不能随便挂断电话; (2) 热情、修辞恰当的表述是成功的一半,因而不要用非正规、非专业化以及不礼貌的词语
5. 做好记录	(1) 若是重要的事,应做好记录; (2) 记录时要重复对方的话,以检验是否无误; (3) 挂断电话之前,不要忘记复述一遍来电的要点,防止记录错误或者记录偏差产生误会
6. 结束通话	要等对方先挂断,然后自己再轻轻放下话筒

(二) 叫醒服务

叫醒服务程序见表 4-2。

表 4-2　叫醒服务程序

步　骤	说　明
1. 接受叫醒	(1) 问清宾客房号、姓名及叫醒时间; (2) 复述并确认宾客的叫醒要求; (3) 填写叫醒记录表
2. 使用定时钟	使用定时钟定时

续 表

步 骤	说 明
3. 叫醒宾客	（1）定时钟响后，用电话叫醒宾客："××先生（女士），早上好，叫醒您的时间到了，祝您一天愉快。" （2）若无人应答，隔3分钟再叫一次； （3）若再次无人应答，应到客人的房间查明原因并采取措施
4. 注销	在叫醒记录表上注销登记

二、客房预订服务

民宿的客房预订是指客人在抵店前对民宿客房的预约。民宿的利润收入靠的是成功地出租客房，让宾客使用民宿其他设施。预订服务可以开拓市场，稳定、提高客房出租率，可以掌握客源动态，预测民宿相关业务未来发展情况。

（一）预订服务

预订服务程序见表4-3。

表4-3 预订服务程序

步 骤	说 明
1. 了解宾客需求	了解宾客需要及客人情况，如预订人及宾客姓名、联系电话、到店及离店时间、要求的房间类型及间数、房间价格及附加服务
2. 查看房态	检查房间状况
3. 接收预订	要说明收费规定
4. 核对订单	将订单信息准确地输入计算机，确保计算机中有预订信息
5. 发出订单	回复确认，发出订单
6. 留存资料	按照预订的到店日期将资料存放在资料夹中，以便查找

（二）入住准备服务

入住准备服务程序见表4-4。

表4-4 入住准备服务程序

步 骤	标 准
1. 主动联系	确认订单后，第一时间找到客人联系方式，添加客人微信
2. 收集客人资料	（1）告知客人已经预订成功； （2）询问客人出行有关信息，如乘坐的交通工具、预计到达时间；出行目的，如旅游、商务等；同行情况，如是否有儿童或者老人；饮食方面有无禁忌；有没有具体的行程安排
3. 告知客人相关信息	给客人发送民宿地图及乘车信息，如果客人为自驾游，则须告知客人行车路线

三、迎宾行李服务

迎宾行李服务是民宿提供的迎客、送客及行李运送等相关服务，是民宿服务质量的门面。客人抵店时的迎接服务工作，时间不长，影响却很大，往往会给客人留下深刻的印象，民宿需提供热情礼貌、主动周到的服务。

让客人轻松抵达民宿并入住是一切接待的基础，客人到达的是一个陌生的地方，提前和客人沟通好入住程序非常重要。民宿管家需要尽可能地亲自接待第一次来访的客人，以便帮助客人了解当地及客房的安全使用注意事项。

迎宾行李服务程序见表4-5。

表4-5 迎宾行李服务程序

步 骤	标 准
1. 联系宾客	（1）使用电话、短信、微信等快捷联系方式与客人在第一时间取得联系； （2）发送目的地地图定位、目的地楼体外观图片及附近地标建筑物图片，给出详细的到店指引； （3）了解客人到店时间

续　表

步　骤	标　准
2. 迎接	（1）站立在路口或者停车场； （2）随时准备迎接客人的到来
3. 迎候	主动问候客人、自我介绍，视情况询问客人是否需要帮助提拿行李
4. 引领客人到民宿前台	（1）在客人左前方或右前方约1米处引领客人，途中介绍民宿情况、当地风土人情，热情回答客人的问题； （2）引领客人到前台办理入住登记手续

四、入住接待服务

民宿的入住接待服务是民宿工作的核心内容。服务的好坏直接影响客人对于民宿的感知。

入住接待服务程序见表4-6。

表4-6　入住接待服务程序

步　骤	标　准
1. 问候客人	（1）热情、友好地问候客人，向客人表示欢迎，主动为客人提供帮助； （2）主动确认客人姓名并称呼客人
2. 办理入住要求	（1）办理入住手续时和客人确认房费与房型； （2）在最短的时间内为客人办理完入住手续
3. 准备钥匙	（1）为客人准备钥匙、钥匙包，并告知："这是您的钥匙，您的房号是×××。" （2）介绍早餐时间与地点
4. 信息储存	（1）接待完毕，立即将所有相关信息输入电脑，包括客人姓名、地址、付款方式、国籍、护照号码、离店日期等； （2）检查信息的正确性； （3）登记单存档，以便随时查询

第二节　民宿的客房服务

客人在住店期间，民宿不仅要保证客房清洁、舒适，还应提供相应的服务。客房服务是民宿服务的重要组成部分。

一、引领客人进房服务

引领客人进房服务程序见表4-7。

表4-7　引领客人进房服务程序

步　骤	标　准
1. 引领客人进房	（1）在客人左前方或右前方约1米处引领客人，途中介绍民宿情况，热情回答客人的问题； （2）到房门口后，告知客人这就是他的房间，用客人的钥匙将门打开； （3）打开房门后，退到门边，请客人先进房间
2. 介绍房内设备设施	（1）视情况向客人简单介绍客房（如客人比较疲劳或其熟悉客房设施设备，则不需介绍）； （2）告诉客人联系方式，以便有事联系； （3）祝客人住得愉快，面向客人关上房门，退出房间
3. 做记录	在管家服务日报表上做好记录

管家服务日报表见表4-8。

表4-8　管家服务日报表

日期：_____　　　管家姓名：_____

项　目	内　容	管家签名
迎送宾客		
客房服务		
宾客拜访		
投诉处理		
其他工作		

二、住房服务

住房服务主要包括开夜床服务、加床服务和租借物品服务。

（一）开夜床服务

为了让客人有一个舒适的睡眠环境，一些高档的民宿还为客人提供了开夜床服务。开夜床服务主要有三项工作，包括房间整理、开夜床和卫生间整理。

开夜床服务程序见表4-9。

表4-9　开夜床服务程序

步　骤	标　准
1. 进入客房	（1）按进房程序进入客房； （2）如客房有"请勿打扰"挂牌，不能进房
2. 开灯	逐一打开房灯，检查是否正常
3. 拉窗帘	拉上厚、薄两层窗帘

步 骤	标 准
4. 开夜床	(1) 双床间住一位客人，一般开临近卫生间的那张床，折角方向为靠床头柜一侧；住两人则各自开靠床头柜的一侧； (2) 大床间住一位客人，开有床头柜的一侧；住两人则开两侧
5. 放置晚安卡等物品	将晚安卡、遥控器、拖鞋放在规定的位置
6. 打开电视开关	检查电视频道设定是否正确，音像是否清晰
7. 收集烟缸及杯具	(1) 将脏烟缸放入卫生间备洗； (2) 杯具最好更换为新的
8. 收集垃圾	(1) 收集房内垃圾，将垃圾倒入大垃圾袋； (2) 清洁垃圾桶，更换垃圾袋
9. 整理客房	整理客房内零乱的物品，使之归位
10. 补充客用品	(1) 补充房间客用消耗品； (2) 如有加床，需按规定添加客用物品
11. 整理卫生间	(1) 清洗烟缸等用过的器皿，擦干后归位； (2) 清洁客人用过的卫生洁具； (3) 将防滑垫平铺在淋浴间的地面上； (4) 如果是浴缸，将浴帘拉开 2/3，浴帘底部放入浴缸；将地巾展开，平铺在紧靠浴缸的地面上； (5) 补充卫生间消耗品
12. 自我检查	检查是否有遗漏之处
13. 关灯离房	(1) 客人不在房间，关灯（保留床头灯），关门离房； (2) 客人在房间，则需礼貌地向客人道晚安后退出房间
14. 填写报表	按要求填写管家服务日报表（见表 4-8）

（二）加床服务

加床服务是民宿提供的服务项目之一，通常分为加成人床服务和加婴儿床服务两种。

加成人床服务程序见表4-10。

表4-10 加成人床服务程序

步 骤	标 准
1. 做好记录	接到加床服务的通知后，服务员应立即在工作单上做好记录
2. 准备物品	（1）将添加的物品送至客房； （2）如客人在房内，要主动询问客人，按客人要求摆放好加床； （3）如客人无特别要求，将加床放在规定的位置
3. 铺床	按铺床程序铺好床
4. 添补客用品	按要求添补杯具、茶叶及卫生间客用消耗品
5. 关门离房	将门轻轻关上
6. 填写报表	按要求在工作单上做好记录

加婴儿床服务程序见表4-11。

表4-11 加婴儿床服务程序

步 骤	标 准
1. 做好记录	接到提供婴儿床服务的有关通知后，应立即做好记录
2. 加放婴儿床	（1）将婴儿床放在房间适当的位置； （2）按要求铺床
3. 补充客用品	提供婴儿床服务的客房应增加以下客用品：儿童香皂1块，沐浴液1瓶，小方巾1条，脸巾1条，儿童牙具1套，儿童拖鞋1双等
4. 填写报表	按要求在工作单上做好记录

（三）租借物品服务

除提供给客人最基本的住宿服务以外，民宿还需购置一定数量的常用物品，以满足客人的需求。可供客人租借的物品通常有充电器、旅游洁具包、台灯、婴儿洗澡盆、防过敏枕头、接线板等。

租借物品服务程序见表4-12。

表4-12　租借物品服务程序

步　骤	标　准
1. 做好记录	问清客人要求租借的用品，在管家服务日报表上注明物品名称、编号和租借时间
2. 将物品送进客房	（1）将客人需租借的物品送至客人房间； （2）根据情况向客人演示物品的使用方法
3. 收回被借物品	客人退房时，及时收回被借物品
4. 清洁、消毒租借物品	将租借物品清洁、消毒后放回原处

三、离店服务

客人对民宿的最后印象一般形成于客人离店时，员工应重视并做好结账、送客等相关服务工作，给客人留下良好的最后印象。

（一）结账服务

结账服务程序见表4-13。

表4-13　结账服务程序

步　骤	标　准
1. 接到宾客离店结账信息	主动问候，核对退房宾客姓名、房号并收回钥匙

续　表

步　骤	标　准
2. 取出账单	（1）同行宾客结账，将一起结账的房间转入同一账号，打印总账单并检查同行宾客房号，以免漏结； （2）取出宾客账单； （3）询问宾客结账方式
3. 结账服务	（1）宾客核对账单无误后，在电脑中给宾客做结账； （2）如是现金结账，应当客人面清点款项并将找零递交宾客； （3）如是信用卡结账，则按程序刷卡结账； （4）如是微信、支付宝结账，则应确认钱款是否到账
4. 呈递发票	（1）呈递发票给宾客； （2）结账手续办理完毕，向宾客致谢，欢迎宾客再次光临
5. 其他工作	（1）可以送给客人一瓶矿泉水或者其他小礼品； （2）适时发短信询问客人是否安全到达

（二）走客房检查

员工在客人离店退房时应及时、仔细检查客房，发现问题应第一时间报告。走客房检查程序见表4-14。

表4-14　走客房检查程序

步　骤	标　准
1. 接到宾客离店结账信息	（1）迅速进房，仔细检查； （2）特别留意枕头底下、床底、抽屉、淋浴间的置物架等处
2. 报告查房情况	（1）如有遗留物品，立即报总台送还客人；来不及送还的，交总台登记处理； （2）还应检查客房设备和用品有无损坏和丢失，如有，应及时通知总台

（三）客人遗留物品处理程序

客人遗留物品处理程序见表4-15。

表4-15　客人遗留物品处理程序

步　骤	标　准
1. 登记	收到客人遗留物品时，管家应记录在客人遗留物品登记表上，写明拾获日期、地点、物品名称等内容
2. 分类	（1）贵重物品：珠宝、信用卡、支票、现金、相机、手表、商务资料、身份证、护照等； （2）非贵重物品：肥皂、毛巾等日常用品
3. 保管	（1）所有遗留物品都必须保存在失物储藏柜里； （2）贵重物品与非贵重物品分开存放，贵重物品应由专人管理
4. 认领	（1）如有失主认领遗留物品，需验明其证件，且由领取人在客人遗留物品登记表上签名；领取贵重物品需留下领取人身份证件的复印件，由管家现场监督、签字，以备查核； （2）若客人打电话来寻找遗留物品，需问清情况并积极查询；若遗留物品与客人所述相符，则要问清客人领取的方式

客人遗留物品登记表见表4-16。

表4-16　客人遗留物品登记表

日期	时间	地点	拾得物品名称及数量	拾交人	编号	保管人	领取日期	领取人	经手人	备注

（四）送客服务

送客服务是客房服务全过程的最后一个环节，此项工作做得好，能加深宾客的印象，使客人高兴而来、满意而归。

送客服务程序见表4-17。

表4-17　送客服务程序

步　骤	标　准
1. 准备工作	（1）掌握客人离店准确时间； （2）主动询问客人离店前还需要办理的事项，如是否要用餐、是否需要帮助整理行李等； （3）征求客人意见，并提醒客人检查自己的行李物品
2. 送别客人	（1）协助客人搬运行李； （2）主动、热情地将客人送到门口，以敬语向客人告别

第三节　民宿的餐饮服务

民以食为天，餐饮服务是民宿住宿服务的一项重要工作。通常，民宿会提供早餐服务、茶水服务，一些民宿还提供咖啡、水果现榨等服务。

一、餐饮服务

多数民宿会提供早餐服务，早餐可分两种方式提供，包括自助早餐与套餐。

（一）自助早餐服务

自助早餐服务准备工作见表4-18。

表4-18　自助早餐服务准备工作

步　骤	标　准
1. 了解情况	了解当天早餐预计人数

步 骤	标 准
2. 开餐厅门	(1) 开餐厅空调; (2) 开空调前应闭合所有窗户及窗纱
3. 检查早餐台卫生, 准备餐具	(1) 仔细检查早餐台卫生; (2) 准备充足的各式餐具
4. 预热	(1) 将酒精加入布菲炉,点火预热; (2) 打开粥桶、恒温炉、热水器、蒸笼电源等,提前预热
5. 调配各式冷、 热饮	(1) 根据标准比例调配各式冷、热饮,包括橙汁、柠檬水、红茶、咖啡、豆浆等; (2) 豆浆和咖啡旁各准备糖盅、不锈钢勺、搅拌棒
6. 出品	(1) 冷菜出品摆放时应注意荤素、颜色、口味的搭配; (2) 糕点出品摆盘时要干净美观,不可超出盘边,盘内应无面包屑; (3) 出品布菲炉内的热菜,冬天应注意保温; (4) 出品白粥及其他粥类,应保持粥桶外围干净; (5) 所有菜品均要配备相应的餐夹、公勺
7. 再次检查	再次检查自身的仪容仪表和早餐准备工作

自助早餐服务程序见表4-19。

表4-19 自助早餐服务程序

步 骤	标 准
1. 欢迎客人	客人到餐厅时,亲切、友善地问候客人,使用礼貌用语:"早上好,欢迎光临!"

步　骤	标　准
2. 提供服务	（1）客人开始取自助餐时，打开所有保温炉盖，主动指引客人拿取餐碟； （2）巡视餐台，随时注意所有菜肴剩余分量； （3）如客人告知需打包时，应帮忙拿取一次性餐具
3. 送别客人	（1）客人离开餐厅时，热情礼貌送客，眼睛平视客人，使用礼貌用语： "请慢走，欢迎下次光临！" （2）提醒客人带好随身物品及行李
4. 结束工作	（1）收回餐台上所有使用过的餐夹，密封各类调料酱汁； （2）将所有菜品回收到厨房，厨房人员负责处理； （3）清洁餐厅，关闭灯光、空调，关闭电视； （4）将门口早餐指示牌收回餐厅

（二）早餐套餐服务

套餐指的是一整套的饭菜。套餐的种类很多，民宿会根据预期的目标来组合不同规格的产品并进行打包销售，消费者可按个人的消费标准或口味喜好来选择适合自己的套餐品种。民宿因体量小，宾客数量不多，尤其是旅游淡季，早餐用餐人数少，采用自助餐方式不容易操作，所以不少民宿会采用套餐的方式为客人提供早餐服务。

1. 早餐提供的种类

民宿早餐提供的种类应灵活多变，在保证食物质量的前提下，要根据季节及食物价格，灵活更新早餐提供种类。

2. 量化食物

量化食物要求做到某些食物提供量与客人数量相对应，如为每位客人提供一杯牛奶或两个鸡蛋。在准备的时候，工作人员也可以多备一些，防止出现客人不够吃的情况。

3. 张贴标语

在餐桌上张贴"节约食物"等宣传标语，提醒客人不要浪费。

4. 统计分析

根据每天客人剩余的食物量做数据统计分析，选择更换食物种类及数量。比如，规定每天每人两个鸡蛋，经过几个月的数据分析，发现 80% 的客人每天只吃一个鸡蛋，那么接下来就可以更换鸡蛋的供应量了。

二、茶艺服务

不少民宿都会设计茶室，供客人品茶、交流，让客人的身心得到放松。

（一）茶叶知识

1. 六大茶类

我国所产的茶叶分为红茶、绿茶、黄茶、乌龙茶（青茶）、黑茶、白茶六大类。

（1）红茶

红茶是一种全发酵茶。红茶的名字得自其汤色。红茶具有茶汤红亮、香甜味醇的特征。名贵的红茶品种有祁红、滇红、英红等。

（2）绿茶

绿茶是不经过发酵的茶，即将鲜叶摊晾后直接下到一二百摄氏度的热锅里炒制形成的。名贵的绿茶品种有龙井茶、碧螺春茶、黄山毛峰茶、庐山云雾茶等。

（3）黄茶

黄茶是中国特产，著名的君山银针茶就属于黄茶。黄茶的制法有点儿像绿茶，不过中间需要闷黄。

（4）乌龙茶

乌龙茶也就是青茶，是一类介于红茶和绿茶之间的半发酵茶。在六大类茶中，乌龙茶的工艺最复杂费时，泡法也最讲究，所以喝乌龙茶也被人称为喝工夫茶。名贵的乌龙茶品种有武夷岩茶、铁观音茶、凤凰单丛茶等。

（5）黑茶

黑茶因成品茶的外观呈黑色，故得名。黑茶属后发酵茶，产地包括四川、云南、湖北、湖南、陕西、安徽等地。传统黑茶采用的黑毛茶原料成熟度较高，是压制紧压茶的主要原料。

（6）白茶

白茶属微发酵茶，是中国茶农创制的传统名茶。茶叶采摘后，不经杀青或揉捻，只经过晒或文火干燥后加工而成。白茶具有外形芽毫完整、满身披毫、毫香清鲜、汤色黄绿清澈、滋味清淡回甘的品质特点。名贵的白茶品种有白毫银针茶、白牡丹茶等。

2. 中国十大名茶

中国的十大名茶有西湖龙井、洞庭碧螺春、君山银针（黄）、信阳毛尖(绿)、祁门红茶、黄山毛峰（绿）、安溪铁观音、武夷岩茶、普洱茶、六安瓜片。

3. 茶叶的储存、保管

根据茶叶的特性，茶叶应储存在干燥、密闭、隔热、避光的条件下。此外，其储存还需要控制异味污染，具体可采用瓦坛、铁罐、塑料袋等进行储藏。

（二）茶叶的冲泡

泡茶讲究茶具、用水、水温、环境、心境，甚至着装（礼服）等。在饮茶起源之前，人们只会把茶叶放在嘴里咀嚼。后来，经过漫漫历史长河的不断变迁，茶饮才逐渐普及，成为世界各地茶人的至爱。

1. 泡茶水温

泡茶水温视泡饮什么茶而定。例如，高级绿茶，特别是各种芽叶细嫩的名茶，不能用100℃的沸水冲泡，一般以80℃左右为宜。茶叶愈嫩、愈绿，冲泡水温愈低，这样泡出的茶汤嫩绿明亮、滋味鲜爽，茶叶所含维生素 C 也较少被破坏。

2. 泡茶敬茶礼仪

我国是茶叶大国，"以茶待客"，这是自古流传下来的待客礼仪。民宿员工应知晓基本的茶礼，以便更好地为客人服务。

首先，切忌以旧茶待客。无论是隔夜茶还是之前泡好不久的茶，用来待客都会让客人觉得自己是不受欢迎的、是被敷衍的。

其次，不可用手抓取茶叶。用手抓取茶叶是不合礼仪的。从卫生角度来说，用手抓取茶叶会导致更多的外界尘埃黏附在茶叶上，破坏其味道。从品茶角度而言，用手抓取茶叶会失去一定的文化韵味。从礼仪角度来说，用手抓取茶叶会使热爱喝茶的客人觉得不卫生。因此，建议使用专用的木勺或者茶勺取茶叶。

需要注意的是，冲茶的时候，第一次冲的茶是用来洗茶叶的，必须倒掉而不能喝。茶叶在制作的过程中经过不少工序，卫生起见，冲洗茶叶之后才能请客人喝。

再次，斟茶的时候不能斟太满。因为茶水是热的，斟满了，茶杯会很热，容易烫到客人的手，应倒七分满。给客人斟茶，要做到先尊老后卑幼，然后对客人说"请喝茶"。敬茶时要讲究先客后主，先给客人敬茶，然后再给自己的家人敬茶。

最后，在待客过程中，应及时给客人续茶。

第四节　民宿的其他服务

一、小型会议服务

部分民宿配有小型会议室，提供会议设施设备，方便客人使用。

(一) 小型会议室的布置

1. 会议类型

小型会议室主要是供商务洽谈、小组讨论等使用。根据会场的大小、会议要求和与会人数，可将会议室布置成"O"形或椭圆形、"U"形、长方形、"T"字形等，如图4-1至图4-4所示。

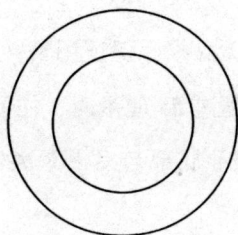

图 4-1 "O"形

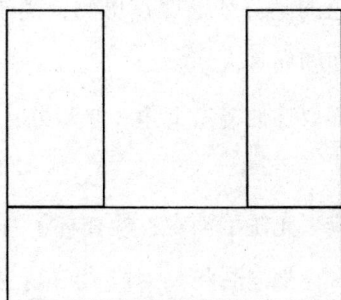

图 4-2 "U"形

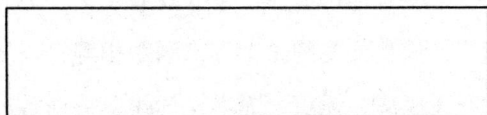

图 4-3 长方形

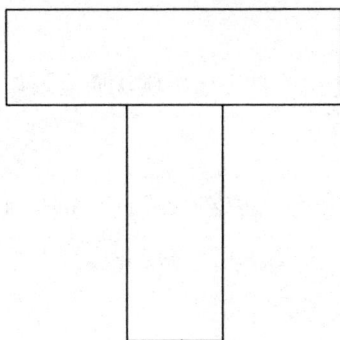

图 4-4 "T"字形

2. 会议台面布置

会议室需根据会议要求、性质及类型来布置台面，下面介绍普通会议的台面布置。

第一，便笺。便笺整齐、无破损，保证用量；其中心应与客人座椅中心线对齐，摆放间距一致；会议桌宽超过 55 厘米时，便笺底部与桌沿距离宜为 3 厘米；会议桌宽未超过 55 厘米时，便笺底部与桌沿距离宜为 1 厘米；文字应正向朝向客人。

第二，铅笔或签字笔。将笔摆在便笺右侧 1 厘米处，笔的尾端与便笺的尾端齐平；如有红、黑两种颜色的笔，红笔摆在里侧，黑笔摆在外侧；摆放应整齐，笔尖朝上，笔上有字的一面朝向客人。

第三，杯垫。将杯垫摆放在便笺右上角 3 厘米处；杯垫正面朝上，花纹或徽标要摆正。

第四，杯具。服务员应当先洗手消毒；检查杯子有无破损，是否有污渍；将杯子摆放在杯垫中心部位，杯把向右与桌沿成 70°角；杯盖图案与杯子图案对正，图案朝向客人。

第五，席卡。席卡两个看面都应写上客人姓名，字迹清晰，书写规范，客人姓名准确无误；席卡应摆放在便笺的正上方，间距相等，摆放端正。

第六，插花。鲜花无脱瓣、无虫、无不良气味；根据台形确定插花的摆放位置，花形视觉效果应美观，插花高度以不遮挡客人视线为宜。

(二) 会议服务礼仪

掌握基本的会议服务礼仪，是民宿提供优质会议服务的基础。

1. 准备工作

会议开始前 30 分钟，服务员应在会场内做准备工作，如叠香巾、泡茶水。管家注意检查会场卫生、会议设备用品及绿化布置等情况，确保会场整洁、设备良好、用品齐全，保证会议按时进行。

2. 迎客服务

第一，会议即将开始时，服务员应站在会议室外，客人到来时，要有礼貌地向宾客点头致意，使用"早上（上午、下午、晚上）好"或"欢迎光临"等文明用语；对已入座的客人，及时递上茶水、湿巾。

第二，如会议桌上有会议用的设施设备，服务员应主动对其进行介绍，协助接驳和调试，避免使用中出现问题而影响会议顺利进行。

3. 会中服务

第一，客人陆续入座时，服务员应按礼宾次序及时倒茶水。第一次续茶水间隔15分钟左右，往后间隔30分钟左右（可视情况提前或延迟），茶水温度应保持在85℃以上。

第二，会议中场休息，应及时补充和更换各种用品，注意，不要翻动桌面资料。

第三，会议结束前，服务员应快步走向会议室门口，打开大门，站在门内一侧，保持微笑，身体略微前倾，欢送客人，并说"请慢走，欢迎下次再来"。

4. 会后工作

第一，客人全部离场后，检查有否遗留物品，检查会场设备、物品的完好情况。

第二，关闭空调、电灯，把贵重的设备、物品收藏好，完成会场的整理工作。

第三，离开会议室时，全面检查各电源开关及烟灰筒等并锁好门。

第四，总结接待情况，列入会议档案。

第五，做好保密工作，不询问、议论、外传会议内容，不带无关人员进入工作区域。

二、插花服务

插花艺术是指将剪切下来的植物（枝、叶、花、果等）作为素材，经过一定的技术处理（修剪、整枝、弯曲）和艺术加工（构思、造型、设色等）重新配置成精致美丽，富有诗情画意，能再现自然美和生活美的艺术品。

插花艺术、花艺设计是民宿装饰设计的一部分，它的最基本功能就是给客人一个良好的感受，使客人感受到民宿对其的热情欢迎，感受到民宿为其提供的温馨、舒适的住宿环境。

（一）插花的原则

民宿插花主要着重于点缀室内，烘托气氛，注重形式美的装饰，一般应遵循以下三点原则。

1. 摆放恰到好处

插花在摆放时应尽量利用室内的无效空间。比如，在死角、周边以及平时闲置的器物表面摆设插花；由于插花已脱离植株，易凋萎，故最好放置在阴凉但又不影响观瞻处；还应避免置于热源处。

2. 花形大小相宜

插花的大小要与放置的环境尺度相称。小房间不宜放置大型的插花。花材的大小粗细与放置的环境也应相称。卧室不宜用大型枝叶插制的作品，应用小叶、柔软、淡色的花材，以求轻松、舒适，以利于消除紧张和疲劳。

3. 突出简洁协调

一般每间客房以点缀一两件插花作品为宜。花形宜简洁统一，切忌繁复。插花作品的总色调必须与墙面、地面、家具等周围的环境因素相协调。

（二）插花的类型

插花艺术按插花器皿和组合方式可分为下列四种。

1. 瓶式插花

瓶式插花又称瓶花，是比较古老而普通的一种插花方式，喜欢花的人们剪取花枝，配上红果绿叶等，插于花瓶，布置于室内。这种插花由于花瓶瓶身高，瓶口小，因此插时不需要剑山和花泥，只需将花枝投入即可，日常生活里的插花多属此种。

2. 盆式插花

盆式插花又称盆花，即利用盆或其他类似于盆的浅口器皿进行插花。由于容器较浅，盆花需要借助泡沫、卵石等固定物才能完成；与瓶花相比，盆花的难度较大，需先造型，然后根据造型安插花枝和配叶等。

3. 盆景式插花

盆景式插花是利用浅水盆创作的一种艺术插花形式，它利用盆景艺术的布局方法，使插花作品形似植物盆景。这种插花是利用插花树枝制作而成的，制作时可在水盆中放置些山石等作为点缀。

4. 盆艺插花

盆艺插花是人们将盆栽植物和鲜花花枝艺术地组合在一起并对其进行布置的一种植物装饰艺术。所用盆栽一般是小型室内植物。

三、个性化服务

（一）个性化服务的概念

个性化服务是指除了满足客人共性需求，针对客人的特点和特殊需求，为客人提供的针对性服务。民宿个性化服务是在常规服务的基础上进行的一种区别性、灵活性服务，其把每一个客人当作独立的个体，针对每个个体进行服务。个性化服务可以成为民宿的一个卖点。

（二）个性化服务的内容

民宿要有个性化服务意识及个性化服务内容，这样才能够根据客人的特殊情况及个体情况提供针对性服务。

1. 一般个性化服务

客人提出的要求只要合理合法，民宿就应尽最大的可能去满足他们。个性化服务要求员工具备积极主动为客人服务的意识，做到心诚、眼尖、口灵、脚勤、手快。

2. 突发性服务

客人在住店期间遇到了困难和问题，需要得到民宿的帮助，如果此时服务准确到位，客人将牢记心中。比如，客人由于飞机晚点，凌晨才到店，这时民宿管家亲自做一份夜宵送给客人，会令客人觉得特别温暖体贴。

3. 针对性服务

不同的客人有不同的生活习惯、文化背景、宗教信仰和爱好禁忌，这就要求服务员具有强烈的服务意识，细心观察，想客人所想，做客人所需。工作人员要注意收集客人入住信息及关注客人入住后的行为习惯。比如，清洁人员在打扫客房卫生时发现卫生间的马桶上缠着一圈卫生纸，他把这个事情反映给店长后，店长马上派人去买了一些马桶坐垫。

4. 委托代办服务

委托代办服务指的是客人本人由于某种原因无法亲身办理而委托民宿代为办理的服务项目，如购买当地的土特产。

(三) 个性化服务的要求

个性化服务以其鲜明的针对性和灵活性成为民宿吸引客人之处。个性化服务的灵活性较大，要求员工做到以下四点。

1. 掌握相关知识

为更好地服务客人，服务人员要掌握相关业务知识。例如，熟悉当地的气候、旅游动态、风土人情、航班信息等。同时，对不同时期旅客的需要、各地的风俗习惯等相关知识，服务人员也应该有所掌握，这样，在服务过程中才能做到有的放矢。

2. 具备超前意识

"想客人之所想，急客人之所急"，是民宿提供优质服务的一个基本点。民宿员工必须秉持"顾客就是上帝"的理念，树立个性化服务意识，真诚地为客人服务，细心关注每位宾客，多站在客人的角度思考问题，并将服务工作做在客人开口之前。例如，当客人询问某景点应该怎么去时，服务人员除了告诉客人路线，还可以向其介绍沿途的一些景点、景区和返回民宿的最佳路线。

3. 在最短的时间内拉近与客人之间的距离

作为身处异乡的住客，陌生的感觉会使客人感到不便。所以，在接到客人入住的消息后，民宿员工要尽快熟悉客人的基本情况、生活习惯和特殊要求，这样，在为客人服务时便可以及时、有针对性地满足客人的需求，尽快拉近与客人之间的距离，为他们营造一个"家外之家"的氛围。

4. 建立客人个性化档案

客人个性化档案又称客史档案，是指民宿员工以文字、图表形式记录、整理的有关客人入住民宿的实际消费需求信息资料。客史档案是有效提供个性化服务、争取回头客的重要资料。客史档案的内容通常有宾客的基本资料，如宾客的姓名、年龄、性别、联系方式等；宾客的消费情况及特殊要求、喜好及禁忌。客史档案资料收集可以通过多种途径，包括预订房间、住宿登记表、账单、投诉处理记录、宾客拜访录、宾客意见书以及平时在服务的过程中收集的一些其他资料等。

第五章　民宿的日常管理

第一节　民宿清洁保养管理

清洁保养是民宿日常管理的主要工作。清洁保养工作的好坏直接影响到客人对民宿产品的满意度，同时也直接影响民宿的形象、氛围和经济效益。

一、制定清洁保养制度

民宿国家行业标准《旅游民宿基本要求与评价》于 2017 年发布，并于 2019 年 7 月进行了修订，2021 年《文化和旅游部关于发布旅游行业标准〈旅游民宿基本要求与评价〉第 1 号修改单的公告》发布。该标准对民宿的规范经营、安全卫生、服务和接待等方面做出了规范。在服务和接待方面，该标准要求客房床单、被套、枕套、毛巾等应做到每客必换，公用物品应一客一消毒，卫生间应每天清理不少于一次等。

我国民宿行业正在向标准化、规范化的道路迈进，相关制度的建设，使民宿客房、餐厅、会议室等清洁保养工作有章可循。民宿清洁保养质量管理制度主要有以下内容。

（一）民宿清洁保养操作制度

民宿清洁保养操作制度主要体现在四个方面：一是民宿日常清洁保养制度；二是民宿定期清洁保养计划卫生制度；三是民宿杀菌消毒制度；四是民宿清洁保养检查制度。

（二）民宿质量检查分析制度

民宿质量检查分析制度主要体现在四个方面：一是民宿质量检查制度；二是

质量分析制度；三是质量分析报告制度；四是质量档案管理制度。制定质量制度时需注意结合本民宿的情况，需具有可操作性。此外，定性、定量的标准应尽可能量化，这样便于员工对标准的掌握和日常检查考核。

制定了制度，关键是落实执行。比如，每家民宿都有员工培训制度，但有些民宿执行力度不够，制度流于形式，影响了服务质量。

二、制定清洁保养 SOP 体系

SOP 是标准操作程序（Standard Operating Procedure）三个单词中首字母的大写，就是将某一事件的标准操作步骤和要求以统一的格式描述出来，做到细化和量化，从而用来指导和规范企业的日常工作。虽然可以单独地定义每一个 SOP，但从企业管理来看，SOP 不可能只是单个的，而是一个整体和体系，这是企业不可或缺的。具体到民宿管理中，就是将民宿清洁保养的标准操作步骤和要求以统一的格式描述出来，进行细化和量化，再用其来指导和规范民宿的日常工作。

（一）客房清扫整理

客房是民宿的主要产品，客人在客房逗留时间最长，客房管理需要做好走客房、住客房等各类客房的清洁保养工作。

1. 走客房清扫整理

走客房指的是客人当天已经结账离店还未清扫整理的房间。走客房需彻底检查、全面清扫整理。走客房清扫整理程序见表 5-1。

表 5-1　走客房清扫整理程序

操作步骤	操作要领	质量标准
1. 进入客房	按进房程序进入客房	规范操作
2. 检查电源开关	（1）检查灯具有无损坏； （2）熄灭多余的灯	发现损坏灯具要及时报修

操作步骤	操作要领	质量标准
3. 开窗户或开空调	打开窗户，风沙大或阴雨天时不能开窗，可将空调通风系统调至规定的挡位	保证客房内空气清新、无异味
4. 拉开窗帘	厚、薄两层窗帘都要拉开	注意窗帘挂钩有无脱落
5. 检查客房	检查客房是否有客人遗留物品、物品是否短缺或损坏	检查需仔细
6. 收集烟缸及杯具	(1) 将脏烟缸放入卫生间备洗； (2) 杯具最好采用更换的方式	杯具采用更换的方式更为卫生
7. 收集垃圾	(1) 将垃圾倒入垃圾袋； (2) 清洁垃圾桶； (3) 更换垃圾袋	严格执行民宿节能降耗标准
8. 撤床	按撤床程序撤床	动作快捷
9. 清洁卫生间	按卫生间清扫程序清洁卫生间	卫生间清洁、无异味
10. 铺床	按铺床程序铺床	床铺美观平整
11. 除尘除迹	(1) 按同一方向，从上至下、从里至外擦拭房间浮灰； (2) 注意逐项检查设备是否完好。若有损坏，立即报告； (3) 记住需更换或补充的客用品； (4) 特别要注意抽屉、衣橱的清洁	(1) 注意边角处，避免遗漏； (2) 干湿布须分开使用； (3) 彻底清洁
12. 补充房间用品	根据民宿规定的房间用品量及摆放位置补充用品	一次性补齐放好
13. 拉窗帘	轻轻将纱帘拉上，将遮光窗帘拉至刚好遮住窗框的位置	纱帘须合拢

续　表

操作步骤	操作要领	质量标准
14. 清洁硬地面	（1）用专用拖把由里到外清洁地面； （2）边清洁边调整家具摆放位置； （3）注意边角处	需用快干式拖把，地面干净、无杂物
15. 自我检查	环视客房，检查有无遗漏之处	确保客房清扫质量
16. 关窗或关闭空调	关上窗户或将空调关闭	执行民宿有关节能降耗标准
17. 关门离房	关灯后退出房间	关门并锁好房门
18. 填写客房清扫日报表（见表5-2）	按要求逐项填好	填写及时、准确

客房清扫日报表见表5-2。

表5-2　客房清扫日报表

房号：＿＿＿＿＿＿　　姓名：＿＿＿＿＿＿　　　　　日期：＿＿＿月＿＿＿日

房号	状况	人数	清扫时间		维修项目	备注
			入	出		
01						
02						
03						
04						
05						
06						

入住一家民宿的客人绝对不希望在自己的房间里看到任何会使他们联想到有人曾在此处居住过的痕迹。一般来说，最令客人反感的痕迹包括：留在卫生间面

盆和浴缸里，以及卫生间地面上的毛发、有污渍的布草，上一位客人遗留的个人用品等。

因此，走客房需彻底整理，尤其要注意卫生间、床底、衣橱等处，不能留有上一位住客留下的任何痕迹。

2. 住客房清扫整理

住客房指的是客人正在租用、继续租住的房间。住客房需要清洁整理卧室与卫生间、补充客用物品。

住客房清扫整理程序见表5-3。

表5-3　住客房清扫整理程序

操作步骤	操作要领	质量标准
1. 进入客房	按进房程序进入客房	规范操作
2. 检查电源开关	(1) 检查灯具有无损坏； (2) 熄灭多余的灯	发现损坏灯具要及时报修
3. 开窗户或开空调	打开窗户，风沙大或阴雨天时不能开窗，可将空调通风系统调至规定的挡位	保证客房内空气清新、无异味
4. 拉开窗帘	厚、薄两层窗帘都要拉开	注意窗帘挂钩有无脱落
5. 检查客房	检查客房是否有异常情况	如有异常情况及时报告
6. 收集烟缸及杯具	(1) 将脏烟缸放入卫生间备洗； (2) 杯具采用更换的方式	杯具采用更换的方式更为卫生
7. 收集垃圾	(1) 将垃圾倒入垃圾袋； (2) 清洁垃圾桶； (3) 更换垃圾袋	严格执行民宿节能降耗标准
8. 撤床	按撤床程序撤床	动作快捷

操作步骤	操作要领	质量标准
9. 铺床	按铺床程序铺床	床铺美观平整
10. 清洁卫生间	按卫生间清扫程序清洁卫生间	卫生间清洁、无异味
11. 除尘除迹	（1）按同一方向，从上至下、从里至外擦拭房间浮灰； （2）注意逐项检查设备是否完好。若有损坏，立即报告； （3）记住需更换或补充的客用品； （4）特别要注意抽屉、衣橱的清洁	（1）注意边角处，避免遗漏； （2）干湿布须分开使用； （3）彻底清洁
12. 补充房间用品	根据民宿规定的房间用品量及摆放位置补充用品	一次性补齐放好
13. 拉窗帘	轻轻将纱帘拉上，将遮光窗帘拉至刚好遮住窗框的位置	纱帘须合拢
14. 清洁硬地面	（1）用专用拖把由里到外清洁地面； （2）边清洁边调整家具位置； （3）注意边角处	需用快干式拖把，地面干净、无杂物
15. 自我检查	环视客房，检查有无遗漏之处	确保客房清扫质量
16. 关窗或调空调	（1）将空调调至民宿规定的温度； （2）客人在房则需征求客人的意见	温度适宜
17. 关门离房	（1）关灯后退出房间，关上房门； （2）客人在房，需礼貌向客人道别，然后退出房间，关上房门	确保关好房门
18. 填写客房清扫日报表（见表5-2）	按要求逐项填好	填写及时、准确

清扫整理住客房时需要特别注意以下六点。

第一，尽量避免打扰客人，最好在客人外出时打扫或客人特别吩咐时打扫；

第二，先清理卧室，再清理卫生间；

第三，住客房内的抽屉不需抽出清洁，衣橱平时只需做表面清洁，以免引起客人误会；

第四，小心整理客人物品，尽量不触动客人的物品，更不要随意触摸客人的钱包、首饰等贵重物品；

第五，除放在垃圾桶里的东西外，客人的物品只能替客人做简单的整理，千万不要自行处理；

第六，房间整理完毕，离开房间时关好总电开关，锁好门。

3. 空房清洁整理

空房是无人租用的可出租的房间。空房处于空闲的状态，地面上可能有脚印，房间可能有灰尘、异味。为保持空房处于良好的、随时可出租的状态，员工每天需对空房进行简单的清洁整理，主要工作包括擦拭浮尘、检查房内设备设施、给房间通风换气、水龙头放水。连续几天空房，员工则需清洁地面；卫生间毛巾若因干燥失去弹性，需在客人入住前更换。

空房清洁整理程序见表5-4。

表 5-4　空房清洁整理程序

操作步骤	操作要领	质量标准
1. 进入客房	根据进房程序进入客房	规范操作
2. 检查电源开关	(1) 检查灯具有无损坏； (2) 关闭多余的灯	发现损坏灯具要及时更换
3. 开窗户或开空调	打开窗户，风沙大或阴雨天时不能开窗，可将空调通风系统调至民宿规定的挡位	保证客房内空气清新、无异味

续 表

操作步骤	操作要领	质量标准
4. 除尘除迹	（1）按顺时针或逆时针方向，从上到下、从里至外擦拭房间浮灰； （2）注意逐项检查设备是否完好。若有损坏，立即报修	（1）注意边角处，避免遗漏； （2）干湿布须分开使用
5. 清洁卫生间	（1）将卫生间的面盆、浴缸、坐便器放流水1分钟至2分钟； （2）检查卫生洁具使用是否正常； （3）卫生间除尘除迹	水质洁净，设施完好
6. 清洁地面	（1）用专用拖把由里到外清洁地面； （2）边清洁边调整家具位置； （3）注意边角处	需用快干式拖把，地面干净、无杂物
7. 自我检查	检查是否有遗漏之处	确保卫生质量
8. 关闭空调	将空调关闭或调至最低挡	按照民宿规定操作
9. 关门离房	将门轻轻关上	关门后注意回推一下，确保房门关好
10. 填写客房清扫日报表（见表5-2）	按要求逐项填好	填写准确、及时

4. 进入客房

"客房是客人的"，客房出租给客人后，其使用权就是客人的，员工若非工作需要，不能随意进入客房。如工作需要，员工也需先敲门（按门铃）通报，房间无人方可进入。

进入客房程序见表5-5。

表 5-5 进入客房程序

操作步骤	操作要领	质量标准
1. 观察门外情况	(1) 有无"请勿打扰"挂牌，若有，则不能敲门； (2) 有无客人在房的迹象，客人有无可能允许进房	避免打扰客人
2. 敲门	(1) 站立在门前适当位置，姿势要规范； (2) 以左手指或右手指弯曲后的关节在门上轻敲三下； (3) 敲门时轻重适当，声响适度，节奏不宜过快	(1) 用敲门通报客人； (2) 不能连续敲门
3. 等候	(1) 注意房内有无发问声，如客人问："谁?"可回答："员工，可以进来吗?" (2) 若房内无发问声，等候 3~5 秒钟，第二次敲门	(1) 切勿立即开门； (2) 给客人反应或准备时间
4. 第二次敲门	(1) 与第一次敲门应间隔 3~5 秒钟 (2) 敲门方法同第一次，只是敲门声响适当加大一些	不能连续敲门
5. 第二次等候	同第一次等候	给客人充足的时间
6. 开门通报	(1) 将门打开一条缝隙后在门上轻敲三下； (2) 自报家门，征求客人意见。比如："早上好!我是服务员，可以进来吗?"说话声音要平稳、清晰	(1) 通知客人你已进房； (2) 开门后发现客人在睡觉或洗漱，则不能进房
7. 进入客房	(1) 将门打开并靠定； (2) 轻步进入客房	开门勿用力过猛

5. 中式铺床及撤床

员工铺床时需留意棉织品是否干净，铺床要操作规范、动作利落。在撤床时，员工需要特别留意枕套、床单、被套中有无夹带客人物品。

中式铺床程序见表5-6。

表5-6 中式铺床程序

操作步骤	操作要领	质量标准
1. 整理床垫	（1）将床垫放平，留意床垫角落所做标记是否符合本季度标记； （2）注意保护垫是否干净、平整，四角松紧带是否套牢在床垫四角	保护垫干净、平整，若有污染要及时更换
2. 抛单	站在床侧，将折叠着的床单正面朝上，两手分开，用拇指和食指捏住第一层，其余三指托住后三层，向前抖开，待其降落时，利用空气浮力调整好位置（或床尾甩单）	床单正面朝上，中折线居中，两侧下垂长度均等
3. 包边包角	用直角手法包紧床头、床尾四角，将床单塞至床垫下面	角度一致、包角均匀紧密
4. 套被套	（1）将被套打开； （2）将被子两头塞入被套两个角内，整理好； （3）将被子另两头塞入被套内； （4）抖动被子，使其与被套贴合，然后将被子平铺在床垫上。被子两侧下垂均等； （5）被头反折45厘米，被套开口在床尾	（1）被套四角饱满、平整； （2）被面平整、美观
5. 套枕套	将枕芯塞入枕套	枕头四角饱满
6. 放枕头	将枕头放在与床头平齐的位置，与床两侧距离相等	居中摆放，外形平整
7. 放背靠垫及床尾巾	将背靠垫放在床头、床尾巾放在床尾	摆放美观

撤床程序见表5-7。

表5-7 撤床程序

操作步骤	操作要领	质量标准
1. 卸下枕套	(1) 双手执枕套两边角,将枕芯抖出; (2) 注意检查有无夹带客人物品; (3) 检查枕芯是否干净,随脏随洗	保持枕芯干净
2. 卸下被子	一手执被套,一手拿住被子,将被子从被套中抽出	注意勿用力过猛
3. 撤床单	(1) 将床单四个角拉出,撤下床单; (2) 注意检查保护垫是否干净,随脏随洗	保护垫干净、平整
4. 收脏布草	将撤下的布草放入布草车	脏布草不能放在地上

6. 卫生间清扫整理

卫生间的卫生是客人特别注重的。员工清扫卫生间时,抹布须分开使用,地漏等易藏污纳垢,须每天洗刷干净。

卫生间清扫整理程序见表5-8。

表5-8 卫生间清扫整理程序

操作步骤	操作要领	质量标准
1. 开灯、准备清扫	(1) 检查灯具有无损坏; (2) 清洁篮放在卫生间适当位置	(1) 灯具完好; (2) 方便操作
2. 坐便器放水	(1) 掀起坐便器盖板,轻按放水掣; (2) 待水抽完后,喷适量清洁剂在坐便器内	使清洁剂充分溶于水中

操作步骤	操作要领	质量标准
3. 撤出垃圾	撤出垃圾，放进大垃圾袋	严格执行民宿有关节能降耗标准和绿色民宿的质量标准
4. 收布草	撤走用过的毛巾，放入布草车	脏布草不能放在地上
5. 清洗垃圾桶、烟缸、皂碟	用清水冲洗干净、擦干	清洗干净、擦干
6. 擦洗洗脸盆及水龙头等金属器件	(1) 先用湿抹布擦洗，再用干抹布擦干； (2) 注意下水塞、下水口的清洁	无污渍、无水渍、光亮
7. 清洗淋浴房	(1) 用温水冲洗淋浴房玻璃； (2) 用玻璃刮自上而下刮玻璃表面。按顺序从上部开始不断地从左至右擦洗，然后反过来，从右至左，一直往下清洗到底部。必要时使用玻璃清洁剂； (3) 用温水冲洗淋浴房墙壁，海绵块蘸少许中性清洁剂擦除金属器件的皂垢、水斑； (4) 将墙壁和金属器件用干抹布擦干、擦亮； (5) 用专用抹布擦净淋浴房地面	(1) 无污渍、无水迹； (2) 设备完好、有效
8. 清洗浴缸	(1) 关闭浴缸活塞； (2) 放少量热水和清洁剂在浴缸中，用浴缸刷清洗浴缸内外、墙壁、浴帘、金属器件； (3) 打开活塞，流走污水； (4) 用温水冲洗墙壁、浴缸等，抹布擦干、擦净	(1) 无污渍、无水迹； (2) 设备完好、有效

操作步骤	操作要领	质量标准
9. 清洗坐便器	（1）用坐便刷刷洗坐便器内壁，冲洗干净； （2）用专用的抹布将坐便器内外壁及盖板擦干、擦净	须用专用的清洁工具等清洁坐便器
10. 除尘除迹	（1）用干抹布将洗脸台四周擦干、擦净； （2）先用湿抹布擦拭镜面，再用干抹布擦净、擦亮	注意边角处，应无遗漏
11. 补充毛巾等用品	补充干净毛巾，并按规定折叠、摆放； 将用品按规定补齐，摆放整齐	一次性补齐放好
12. 擦拭地面	（1）用专用抹布从里到外，沿墙角平行擦净整个卫生间地面； （2）注意边角和地漏处	地面洁净
13. 吸尘	用吸尘器从里到外吸尘	地面干净、无杂物
14. 自我检查	检查有无遗漏之处	保证卫生质量
15. 关灯关门	（1）将卫生间门虚掩（留一个拳头空隙）； （2）撤走清洁用具	便于卫生间通风透气

（二）大厅清扫整理

大厅是客人活动的中心，它的设计和装饰风格将会给客人留下很深的印象，而大厅的清洁卫生更会引起客人的关注，这是评价民宿服务水平最重要的依据。因此，大厅的清洁工作是民宿卫生工作的重点。

大厅清扫整理程序见表5-9。

表5-9　大厅清扫整理程序

操作步骤	操作要领	质量标准
1. 准备工作	准备好地拖、清洁桶、抹布等清洁工具、用品	工具、用品准备齐全
2. 清除地面杂物	用扫把扫除大厅地面上的杂物	地面无杂物
3. 拖地	(1) 先将地拖头浸泡在清洁液中，再用拖把拧干机去除多余的水分； (2) 用后退式拖地方法拖地，较重的污渍可重复拖几次，直至污渍完全去除； (3) 拖头脏后，先在装有清水的桶内清洗，再用拖把拧干机去除多余的水分	地面洁净，无水渍、污渍
4. 整理休息区	(1) 清理桌椅及沙发上的纸屑、果皮； (2) 用半干抹布擦去桌椅上的污渍； (3) 随时整理、归位大厅休息区供客人休息的沙发、桌椅、茶几等	保持整洁、美观
5. 其他工作	(1) 清除花盆中的杂物； (2) 剪除花卉植物的枯枝败叶	盆栽花卉植物有生机，花盆干净、无杂物
6. 结束工作	清洁工具、用品并归位，待地面完全干透后再撤去警示牌	妥善存放清洁工具、用品

（三）餐厅清扫整理

餐厅卫生需要及时维护，因为餐厅开餐时，各种意外都有可能发生，如调味汁倾倒在地面上、咖啡或饮料洒在椅子上，等等，此时，员工应尽快设法去除污渍。

餐厅清扫整理程序见表5-10。

表 5-10　餐厅清扫整理程序

操作步骤	操作要领	质量标准
1. 准备工作	准备好地拖、清洁桶、抹布等清洁工具、用品	工具、用品准备齐全
2. 擦拭餐桌、餐椅	用半干抹布擦拭餐桌、餐椅，必要时蘸上清洁剂擦拭	餐后及时清洁，保持干净
3. 清除地面杂物	用扫把扫除餐厅地面上的杂物	地面无杂物
4. 拖地	（1）先将地拖头浸泡在清洁液中，再用拖把拧干机去除多余的水分； （2）用后退式拖地方法拖地，较重的污渍可重复拖几次，直至污渍完全去除； （3）拖头脏后，先在装有清水的桶内清洗，再用拖把拧干机去除多余的水分	地面洁净，无水渍、污渍
5. 清倒垃圾	将垃圾清倒干净，垃圾桶擦净，换上干净的垃圾袋	严格执行民宿节能降耗标准和绿色民宿的质量标准
6. 结束工作	清洁工具、用品并归位，待地面完全干透后再撤去警示牌	妥善存放清洁工具、用品

餐厅是客人用餐的地方，清洁工作应选择在非用餐时间进行，需要选用合适的清洁工具、用品和清洗方法。清洁工具要小巧、无噪声，清洗用的抹布、地拖头需干净美观，化学清洁剂应选用不带异味的。

（四）小型会议室清扫整理

不少民宿设有小型会议室，主要供客人开会、进行团队建设等使用。会议室日常需要常规检查、清扫，使用后则需要彻底清扫、整理。

小型会议室清扫整理程序见表 5-11。

表5-11　小型会议室清扫整理程序

操作步骤	操作要领	质量标准
1. 准备工作	准备好地拖、清洁桶、抹布等清洁工具、用品	工具、用品准备齐全
2. 清洁桌子、椅子等家具	用半干抹布擦拭桌椅表面及桌椅腿	家具干净，表面光亮
3. 擦拭窗台、踢脚板	用抹布擦拭窗台、踢脚板，注意边角处	干净无尘
4. 清洁地面	硬地面拖干净，如果铺地毯，日常需进行吸尘、除迹工作，必要时清洗	保证地面洁净
5. 清倒垃圾	将垃圾清倒干净，垃圾桶擦净，换上干净的垃圾袋	严格执行民宿节能降耗标准和绿色民宿的质量标准
6. 结束工作	清洁器具清洁后妥善放置	保持工具、用品的清洁

（五）后台区域的清洁保养

民宿后台区域一般包含厨房、库房、员工休息区等。后台区域不同的地面材料应采用不同的清洁方法，如地砖类的地面需及时拖扫地面，随时清理掉在地面上的各类碎屑或洒落的饮料汁、菜汤等。后台区域的各通风口、空调口、电灯，应定期安排清洁工作。消防栓、灭火器等需要经常擦拭，保证消防栓干净无杂物，灭火器无灰尘。厨房卫生涉及食品安全，是民宿清洁卫生管理的重点。

三、重视民宿卫生工作

卫生工作指的是杀菌消毒，使物品及环境达到生化标准。据研究、调查，卫生是民宿住客最关心的问题，卫生质量不过关，不仅影响民宿的品牌口碑，还会对住客的流量产生很大的影响。

（一）常用的消毒方法

常用的消毒方法有两类。

1. 物理消毒法

物理消毒法是指用湿热、干热、紫外线等物理因素达到消毒目的的方法，比如，煮沸消毒法。

2. 化学消毒法

化学消毒法是利用化学药物作用于病原体，使其蛋白质产生不可逆转的损伤，从而起到杀菌作用的方法。常用的化学消毒剂有漂白粉、氯亚明、高锰酸钾、84 消毒液、来苏水等。

（二）常用消毒液的配制

1. 漂白粉消毒液的配制

漂白粉又称含氯石灰，呈灰白色粉末状，有氯气味。漂白粉消毒液使用广泛，配制浓度为 3% 的溶液，均匀搅拌溶解后即可用于客房茶具、棉织物和房间的消毒，同时也可用于水果的消毒；另外，还可配制浓度为 5% 的溶液，用于卫生间消毒。

漂白粉消毒液需现配现用，不宜久放，放置时间过长容易失效。另外，对金属制品的消毒，漂白粉消毒液不适用。

2. 氯亚明消毒液的配制

氯亚明又称氯胺，呈白色或微黄色粉末状，配制浓度 3% 的溶液，既适用于客房内空气及物品表面的消毒，也可用于食物的消毒。氯亚明消毒液不宜久放，放置时间过长容易失效，一般配好的溶液只能使用一天，且不适宜对金属制品进行消毒。

3. 84 消毒液的配制

84 消毒液是一种高效、去污力强的消毒液，能快速杀灭甲型、乙型肝炎及脊髓灰质炎病毒、细菌芽孢等多类病菌，配制浓度为 2%~5% 的溶液，适用于茶具、酒具、家具等的清洗和消毒。84 消毒液原液对棉织物、金属有腐蚀性，易伤皮肤，使用时必须先稀释。

（三）民宿各区域及物品的消毒

1. 客房的消毒

员工应定期对客房进行预防性消毒，保持卫生，预防疾病的传播。消毒的主要工作包括每天通风换气、日光照射或使用化学消毒剂杀虫灭菌等。

客房消毒程序见表 5-12。

表 5-12　客房消毒程序

消毒方法	操作要领
1. 通风换气	（1）室外日光消毒，利用阳光中的紫外线消灭室内病菌； （2）通风，改善室内空气质量，防止细菌、螨虫滋生
2. 擦拭消毒	（1）定期使用根据需要配制的相应浓度的来苏水溶液、氯亚明（氯胺 T 钠）溶液或 84 消毒液擦拭房间家具、设备，进行消毒； （2）消毒完毕紧闭门窗约 2 小时，然后打开窗户通风
3. 喷洒消毒	定期用根据需要配制的相应浓度的漂白粉消毒液对房间死角进行消毒，或喷洒空气清新剂等
4. 特殊工作	如住客患传染性疾病等，应及时对房间进行消毒，保持房间卫生，防止疾病传播

2. 卫生间的消毒

卫生间的清洁卫生是住客特别重视的，而卫生间的设备用品易被病菌污染，所以，员工必须每天对卫生间进行彻底清扫并定期消毒，确保卫生间处于清洁卫生水准。

卫生间消毒程序见表 5-13。

表 5-13　卫生间消毒程序

消毒方法	操作要领
1. 通风换气	打开换气扇，改善卫生间的空气环境，防止细菌、螨虫等滋生
2. 消毒	（1）日常清理卫生间时用含消毒功效的清洁剂擦洗卫生洁具，用清水冲净并用专用抹布擦干； （2）定期使用 5% 的漂白粉消毒液擦拭，使用 2%~3% 的来苏水擦拭消毒，使用比例为 1：200 的 84 消毒液进行擦拭消毒； （3）消毒完毕要紧闭门窗约 2 小时，然后进行通风
3. 特殊工作	如住客患肠道或呼吸道疾病，应用以上方法对卫生间进行多次消毒

3. 餐具、杯具消毒

餐具、杯具消毒对防止疾病传染、保证宾客身心健康具有极其重要的意义。凡是盛装直接进口的食物的杯盘碗碟及所有小件餐具都要消毒。

餐具、杯具消毒主要有三种方法：消毒剂消毒、消毒柜消毒、蒸汽消毒。民宿应设有专用消毒柜和保洁柜，餐具、杯具应集中到消毒间进行清洗和消毒处理。

餐具、杯具消毒程序见表 5-14。

表 5-14　餐具、杯具消毒程序

操作步骤	操作要领	质量标准
1. 准备工作	（1）在消毒间的洗涤槽内注满清水； （2）按一定比例兑入消毒剂，为泡洗餐具、杯具做准备	准备充分

续　表

操作步骤	操作要领	质量标准
2. 清洁餐具、杯具	(1) 将餐具、杯具内残留物沥出，倒入垃圾桶； (2) 用清水冲洗餐具、杯具； (3) 根据餐具、杯具脏污情况，可加适量洗涤剂洗涤	餐具、杯具须洗干净
3. 餐具、杯具消毒	(1) 将餐具、杯具浸泡在准备好的消毒剂中； (2) 消毒时间根据消毒剂的使用说明而定	保证消毒时间
4. 洗净擦干	(1) 用清水冲洗干净、沥干； (2) 用专用抹布擦净餐具、杯具	餐具、杯具洁净
5. 存放	取出已消毒餐具、杯具，储存到封闭的保洁柜里备用	存放合理
6. 登记	在消毒记录表上做好登记，记录消毒时间和操作者姓名	记录及时、准确

特别提示：

第一，擦拭餐具、杯具的抹布必须清洁卫生，专布专用。

第二，餐具、杯具还可以采用煮沸消毒法与蒸汽消毒法，两种方法均简单、易操作。

一是煮沸消毒法：将已经洗净的餐具、杯具用筐装好，置于沸水中煮沸20~30分钟，然后将餐具、杯具分档分类存放在柜内备用。一般瓷制餐具、杯具使用此法比较经济、简便易行。

二是蒸汽消毒法：将已经洗净的餐具、杯具放入蒸笼或蒸柜，盖严后打开蒸汽，待上汽后蒸15分钟即可。

（四）除虫灭害工作

除虫灭害是指消灭民宿内的蚊子、苍蝇、蟑螂、蚂蚁、老鼠等，主要工作如下。

1. 定期喷杀虫剂

定期喷杀虫剂，员工应根据说明按比例配置杀虫剂，以保证杀虫效果。

2. 毒杀虫害

员工应对虫害的滋生地，如床下、墙角、卫生间施放药物进行毒杀，被杀灭的害虫须及时清除干净。

3. 堵洞

员工应对老鼠经常出没的地方进行堵洞处理，以防止其进入房间。

4. 灭杀

在冬春季节更替时，员工需提前对虫害可能出没之处进行灭杀工作，以防止天气转暖后出现虫害。

（五）员工个人卫生

为保证客人的健康，防止疾病的传播，员工应定期检查身体，持健康证上岗，并严格执行上下班更换工作服制度。

四、加强检查，保证质量

（一）制定清洁保养质量标准

要进行质量控制和管理，民宿就必须制定相应的标准。标准化管理是保证民宿产品质量稳定性的基本要求。

1. 客房清洁保养质量标准

客房感官标准总体要求：视觉上要清洁整齐，用手擦拭要一尘不染，空气清新无异味，室内无噪声污染。

客房卧室清洁保养质量标准见表5-15。

表 5-15 客房卧室清洁保养质量标准

项 目	质量标准
1. 房门	开门顺利无阻、无杂声；门扇、门框清洁；门扇平整、无破损、无划痕；门锁转动灵活；窥镜光亮、透视度高；安全链无锈迹；房门号码清楚；门把手无污渍
2. 天花板	天花板无裂痕，无污垢、水渍或脱落等
3. 墙壁	墙面光洁；墙上悬挂画牢固完好，无歪斜
4. 窗户	窗帘洁净，悬挂位置适当；挂钩轨道灵活，无脱落；双层窗帘闭合灵活，无破损；窗玻璃光亮、洁净
5. 空调	运行无杂音；空调器过滤网定期清洗更换；制冷或制暖迅速，温度适中
6. 电视机	整体无尘，四框干净；图像清晰；电视遥控器按键灵活、无污渍
7. 灯具	灯泡、灯架无灰尘；灯罩清洁，颜色光鲜；开关完好
8. 床头控制柜	柜面、柜架无污渍、无手印、无积尘，四角无磕碰、裂痕；各种旋钮灵敏、有效
9. 地面	地面清洁光亮，地面四周无纸屑、毛发、烟灰
10. 沙发	沙发表面干净、无破损，沙发折面处无积尘，沙发弹簧无缺损
11. 杯具	杯面、杯底无水痕，清洁光亮；杯口光滑、无裂纹；托盘清洁干净，摆放位置符合要求
12. 垃圾桶	垃圾桶内外清洁干净；桶内放置垃圾袋
13. 床铺	床铺铺叠美观平整，质量达标；床单、被套、枕头等床上棉织品干净

客房卫生间清洁保养质量标准见表 5-16。

表5-16 客房卫生间清洁保养质量标准

项 目	质量标准
1. 门	门框、门扇无水渍、无污渍、无积尘;门后挂衣钩无松动、无锈迹;门把手要消毒,使用灵活、方便;双重内锁操作正常
2. 天花板	表面干净,无水渍,防水矿棉无开胶现象,天花板四角无积尘
3. 墙壁	墙壁光洁、无水渍,抽风口无积尘,瓷砖无破损脱落,不锈钢扶手及毛巾架洁净
4. 地面	地面清洁、光亮、无污渍;地面四周无纸屑、毛发、烟灰,地面无积水、积垢
5. 坐便器	无异味;外壁、上盖及马桶圈洁净无污渍,坐便器内无尿碱、尿迹、水印;水箱清洁、无滴水漏水现象
6. 浴缸	四周无污渍、无油垢;浴帘干净无溅渍;浴缸扶手光亮,香皂盆无皂垢;浴缸底部无水锈、毛发
7. 面盆	面盆台面及瓷盆内壁无油渍、水渍、皂渍、毛发等,表面洁净光亮,龙头及喷头无滴水现象;下水塞无脏物,下水系统正常,水流通畅,冷热水龙头操作正常,水温达标
8. 镜子	表面洁净光亮,照人清晰,无皂渍、无溅渍、无水珠、无破裂,无水银层起皮现象
9. 易耗品	浴液、浴帽、香皂、梳子、漱口杯、面巾纸、厕纸、卫生袋、牙刷、牙膏等按标准配齐,摆放整齐有序
10. 垃圾桶	桶内外清洁,不积存垃圾、污物
11. 灯具	灯泡表面无灰尘;灯罩无积尘、无污渍,灯泡使用正常
12. 毛巾	毛巾洁净柔软;数量配齐、摆放整齐
13. 气味	空气清新无异味

2. 餐厅清洁保养质量标准

餐厅清洁保养质量标准见表 5-17。

表 5-17 餐厅清洁保养质量标准

项　目	质量标准
1. 餐桌	表面无浮灰、无油渍；横梁、桌腿干净、光亮、无蛛网、无吊灰
2. 玻璃转盘	表面无水渍、无油渍、无指纹，光亮、透明
3. 餐椅	表面无破损、无污渍，不晃动
4. 工作台	外表无污渍、无破损；内部物品摆放规则、整齐
5. 工作柜	餐具分类摆放整齐；抽屉底部垫有干净口布，外表洁净；柜门、抽屉开关自如
6. 地面	地面清洁、光亮、无污渍；地面四周无纸屑、烟灰等
7. 瓷器餐具	无破损、无食物残渣、无水渍、无油渍、无指纹；分类、整齐摆放
8. 玻璃杯具	无破损、无水渍、无指纹，透明、光亮；分类、整齐摆放
9. 不锈钢器皿	干净、无水渍、无指纹、清洁、光亮；分类、整齐摆放
10. 布草	清洁、无破损、无污渍；熨烫平整，折叠整齐；小毛巾干净、无异味
11. 菜单	整洁、无破损、无毛边或卷角；无涂改、无油渍
12. 托盘	清洁、无油腻，每天进行蒸汽消毒
13. 室内环境	绿色植物无浮灰、无枯枝败叶、修剪整齐；盆外无污渍、无浮灰，盆内无杂物；厅内空气清新、温度适宜；家具摆放错落有致，沙发上无污渍，各种饰品整洁、无浮灰；墙面饰物挂放工整、无浮灰

3. 厨房清洁保养质量标准

厨房清洁保养质量标准见表 5-18。

表5-18　厨房清洁保养质量标准

项　目	质量标准
1. 灶台和橱柜	清洁完好，无油垢，无垃圾，各种用具用品摆放整齐有序，无私人物品
2. 排烟罩	清洁完好，罩面、滤油网、照明灯具均无油垢
3. 调料盒	干净整洁，调料盒无积水、油垢，各种调料充足，不变质
4. 砧板	无霉斑、积垢，不使用时要竖放
5. 冰箱	清洁、完好，表面无锈迹、污垢，冰箱内干净、无积水、无异味，物品摆放整齐，做到荤素分开、生熟分开
6. 炊具、盛器	清洁、完好，无锈迹，无污垢
7. 蒸柜	内外清洁，无杂物、遗留物
8. 地面	无油垢、污渍、杂物
9. 食品加工机械	完好，无残留垃圾、碎屑，无油腻积垢
10. 垃圾箱（桶）	加盖儿盖好，四周无积散垃圾，每餐结束及时清运
11. 水池	清洁，无油垢、污渍、杂物
12. 货架	各种蔬菜等摆放整齐，各种料盒干净、无污渍
13. 厨房门窗	清洁、完好，无油垢，无积尘，无破损
14. 物品	摆放整齐有序；各种不锈钢用具干净光亮，无污渍、油垢

（二）加强检查，保证质量

1. 建立检查制度

民宿清洁保养需由店长或管家进行检查，此外，还应充分调动员工的积极性，发挥员工的作用。

（1）员工自查

员工每整理一间客房、清扫一个餐厅，都要对客房、餐厅的卫生状况、物品的摆放和设备家具等进行检查。员工自查的重点包括客房、餐厅设施设备是否好用、正常；用品是否按规定的标准、数量摆放。员工自查的好处是加强员工的责任心，提高清洁保养工作的合格率，减小店长与管家的工作量，增进工作环境的和谐与协调。

（2）店长、管家检查

店长、管家检查的主要作用是"拾遗补漏"。由于繁忙、疲惫等原因，员工也难免会有疏漏之处。对那些业务尚不熟练的员工来说，店长、管家的检查是一种帮助和指导。

2. 检查方法

为提高清洁保养质量检查的效率，保证清洁保养检查的效果，检查中应充分运用看、摸、试、听、嗅等方法，对客房、餐厅、大厅、厨房等处进行全方位检查。

第一，查看。看是清洁保养质量检查的主要方法。检查时，店长、管家要查看客房、餐厅、大厅、厨房等处是否清洁卫生，物品是否配备齐全并按规定摆放，设备是否处于正常、完好状态，整体效果是否整洁、美观。

第二，擦拭。店长、管家查房时，对有些不易查看或难以查看清楚的地方，如踢脚线、边角旮旯等，需用手擦拭，检查是否干净。

第三，试用。民宿设施设备运转是否正常、良好，除查看外，还需试用，如试用水龙头放水、使用电视机等。

第四，耳朵听。室内噪声是否在允许范围内，日常检查主要靠听来判断。店长、管家检查设施设备，在看、试的同时，还需用耳听是否有异常声响，如水龙头是否有滴水、漏水声，空调噪声是否过大等。

第五，鼻子闻。客房、餐厅、会议室内是否有异味、空气是否清新，需要靠嗅觉器官来判断。

3. 检查程序

检查客房、餐厅、大厅、厨房等处清洁保养质量时须按一定程序进行，认真仔细，不能有疏漏。下面提供了客房检查程序，供大家学习、参考。

首先，进入客房，应按进房程序进入房间。

其次，检查卧室。

①房门：无指印，锁完好，安全指示图等齐全，安全链、窥镜、把手等完好。

②墙面和天花板：无蛛网、斑渍，无油漆脱落，墙纸无起泡、起翘等现象。

③护墙板、地脚线：清洁无尘、完好。

④地面：地面干净，无斑渍、杂物。

⑤床：铺法正确，床上用品干净，床下无垃圾，床垫定期翻转。

⑥硬质家具：干净明亮，无刮伤痕迹，位置正确。

⑦软面家具：无尘无渍，如需要则作修补、洗涤标记。

⑧抽屉：干净，开关灵活自如，把手完好无损。

⑨电话机：无尘无渍，指示牌清晰完好，话筒无异味，功能正常。

⑩镜子与画框：框架无尘，镜面明亮，位置端正。

⑪灯具：灯泡清洁，功率正确，使用正常，灯罩干净。

⑫垃圾桶：状态完好而清洁。

⑬电视与音响：清洁，使用正常，频道应设在民宿规定频道，音量调在民宿规定音量。

⑭壁橱：衣架的品种、数量合适且干净；门、橱底、橱壁和格架清洁完好。

⑮窗帘：干净、完好，开合自如。

⑯窗户：清洁明亮，窗台与窗框干净完好，窗户开关自如。

⑰空调：滤网干净，工作正常，温控符合要求。

⑱客用品：数量、品种齐全，状态完好，摆放位置正确。

再次，检查卫生间。

①门：前后两面干净，状态完好。

②墙面：清洁、平整。

③天花板：无尘、无渍，完好无损。

④地面：清洁无尘、无毛发，地砖接缝处清洁等。

⑤浴缸及淋浴间：内外清洁，电镀器具干净明亮，肥皂缸干净，浴缸塞、淋

浴器、排水阀和开关龙头等清洁完好，瓷砖接缝干净、无霉斑，浴帘干净完好，浴帘扣齐全，晾衣绳使用自如。

⑥脸盆及大理石台面：干净，电镀器具光亮，水阀使用正常等。

⑦坐便器：里外干净，无损坏，使用状态良好，冲水流畅。

⑧排风机：清洁，运转正常，噪声低，无异味。

⑨客用品：品种、数量齐全，状态完好，摆放位置正确。

最后，填写相关报表。

第二节　民宿的物资管理

物资是民宿服务的物质基础，物资采购管理是民宿管理的重要内容，民宿设备、用品品种多、投资大，管理是否科学合理将直接影响到民宿的服务质量及经济效益。因此，管理人员要加强物资采购与日常的管理，在满足客人需求、保证服务质量的前提下，应努力降低成本，提高经济效益。

一、民宿物资的采购管理

采购管理工作是民宿日常管理、成本控制的一个重要环节，同时，采购工作的好坏将直接影响到整个民宿向客人提供产品及服务的质量。

对采购工作的管理与控制，主要是由民宿店长负责。由于采购工作涉及民宿内部的成本控制以及客房、餐饮等生产和服务部门，还有外部众多的供应商、中间商，涉及面广，情况复杂。要做好采购管理工作，店长必须抓好以下三个方面。

第一，学习商品知识，提高采购技能；

第二，了解市场行情，控制采购成本；

第三，控制食品的采购价格。

二、民宿的设备管理

设备管理是民宿日常管理的重要内容，加强对设备的管理，有利于保证民宿产品尤其是客房产品的质量、延长设备的使用寿命、减少设备维修更新的资金投入。

（一）设备的资产管理

1. 建立账卡

购进设备后，民宿管理人员必须严格查验，建立设备登记档案，将需用的设备按进货时的发票编号进行分类注册，记下品种（名称）、规格、型号、数量、价值以及使用区域。每个使用单位（一般以一个区域为一个单位）将所管理的设备登记在小组设备账本上（见表5-19）。

表5-19　设备账本

区域：

名　称	编　号	规　格	数　量	领　出	结　存	建账日期	经手人

（1）分类

所有的设备均需分类，分类要细致。

（2）准备账本

通常，设备有多少种，账本就应有多少页，每一页应登记品种（名称）、规格、数量等项目。

（3）编号

设备档案要按一定的分类法进行编制，应使每件设备都有分类号，以便于管理。设备的编号，一般采用三节编码法。第一节表明设备种类，第二节表明使用区域，第三节表明设备编号。比如，客房的床垫可写成 C3-6-5，C 指家具类，3 指客房区域，6 指床垫，5 指床垫的编号。

（4）建卡

在建账的基础上，设备还要建立相应的档案卡（见表 5-20）。建卡要求做到"账卡相符"，即档案卡登记设备的品种、数量要与小组账本相符，以便核对、控制。设备在使用过程中出现维修、变动、损坏等情况，都应在档案卡片及相关账册上做好登记，设备的使用状况也要做好记录，以便全面掌握设备维修情况。

表 5-20　设备档案卡

名　称	购买日期	供应商	价　格

型　　号＿＿＿＿＿＿＿＿＿＿

出外维修＿＿＿＿＿＿＿＿＿＿

编　　号＿＿＿＿＿＿＿＿＿＿

日　期	价　格	维修项目	修理方式

2. 建立设备的历史档案

为全面掌握设备的使用情况、加强对设备的管理，除了建立设备账卡外，还应建立设备的历史档案。客房、餐厅、会议室、厨房，包括公共区域的设备，均须设有历史档案，主要内容包括设备的种类和数量、装修或启用日期、规格特征和历次维修保养记录等。

（二）设备的日常管理

1. 建立日常保养制度

民宿管理人员应根据民宿设备的使用特性，制定设备的保养周期和保养质量要求，并严格执行，如房间铜器每天用擦铜剂擦拭一次，家具每月用家具蜡保养一次，冰箱每周除霜一次等。

2. 定期检查

为保证设备运行良好、及时发现隐患，民宿管理人员对各类设备还应制定定期检查制度，发现问题及时处理。

3. 及时维修

设备一旦出现问题，管理人员应组织相关人员及时进行维修，否则小问题易变成大问题，增加维修工作量，缩短设备的使用寿命。设备维修有两种类型：一是小维修；二是大维修。小维修是对设备进行局部修理或更换部分小零件，恢复其使用性能，在短时间内即可完成；大维修是对设备进行全面修理，需花费较长时间更换主要部件来恢复其使用功能。

4. 重视员工培训

员工必须参加培训，学习和掌握所使用设备的原理、结构、性能、使用、维护、维修及技术安全等方面的知识，不断强化设备操作技能。

三、民宿的用品管理

民宿用品的选购、储存、配置、使用、控制等各环节工作的好坏，直接关系到民宿档次的高低、宾客的满意程度以及民宿的经济效益。

（一）用品库存管理

做好用品的库存管理工作，可以减少用品的损耗，保证周转顺畅。良好的库存条件及合理的物流管理程序是搞好用品库存管理工作的两个必要条件。

1. 库存条件

库存条件主要体现在以下四点。

第一，库房需保持清洁、整齐、干燥；

第二，货架应采用开放式，货架与货架之间要有一定的间距，以利于通风；

第三，进库用品需按性质、特点、类别分别堆放，及时码放；

第四，加强库房安全管理，做到"四防"，即防火、防盗、防鼠疫虫蛀、防霉烂变。

2. 物流管理

物流管理主要体现在以下六点。

第一，严格验收；

第二，分类上架摆放；

第三，进出货物要及时填写货卡，做到"有货必有卡，卡货必相符"；

第四，遵循"先进先出"的原则，应经常检查在库物品，发现霉变、破损应及时填写报损单，并报请店长审批；

第五，定期盘点，主动上报那些积压的物品；

第六，严格掌握在库物品的保质期，对即将到期的货物，应提前向店长反映，以免造成不必要的损失。

（二）用品日常管理

日常管理是用品控制工作中最容易发生问题的环节，也是最重要的一个环节。

1. 加强管理

用品的领发应由管家负责。管家每天根据客房、餐厅等处的需要分发用品并做好相关记录。在用品的日常管理中，管家要严格控制非正常的消耗。员工在工作中要有成本意识，应注意回收有价值的物品，并进行再利用。此外，日常管理还要防止因使用不当而造成的损耗。

2. 定期盘点

很多客用物品尤其是客用消耗品都有一定的保质期，如果库存太多、物品积压过期，难免会造成自然损耗。因此，民宿要根据市场货源供需关系确定库存数量，定期盘点，避免物品积压。

3. 做好统计分析

管家应对每天的用品消耗进行统计，对每周、每月、每季度、每年度的客用物品消耗量进行汇总，并结合盘点，了解用品的实际消耗情况，如果实际消耗情况与定额标准偏离较大，就必须分析原因。

4. 推行"4R"做法，降低消耗

在用品消耗控制过程中，管家应重视并做好降低消耗和环境保护工作。合理地降低消耗能够有效地控制成本，减轻民宿负担，提高经济利益。

"4R"是指 4 个以"R"开头的英文单词：Reduce、Reuse、Recycle 和 Replace，概括了人们在降低消耗和保护环境方面的一些具体做法。

（1）减少（Reduce）

"减少"主要包括：尽量减少或不用对环境有污染和破坏作用的材料或用品，如塑料用品和塑料包装材料、含氯等的化学清洁剂等；尽量减少能源和物资的消耗，如水、电及清洁用料等；减少包装，如客房卫生间应尽量采用能够重新灌装的容器，减少消耗品的用量；减少客用物品的配置和更换；在客房内设置环保卡，倡议减少床上用品、毛巾等的换洗。

（2）再利用（Reuse）

注意回收：民宿应要求员工在日常工作中注意回收那些已经用过但仍有再利用价值的物品，如酒瓶、饮料罐、食品盒、肥皂头、剩余的卷纸、用过的牙刷、用剩的牙膏、浴液、洗发液等，有些物品的包装材料和容器等也可以回收。

合理利用：凡是具有再利用价值的物品，回收后都可再合理利用，这样做既可以减少物品消耗，又可以避免简单地将其作为垃圾处理，造成环境污染。比如，肥皂头、牙刷、牙膏、洗发液等，可以用于清洁保养工作，报纸、杂志等可以卖给废品收购站。一些物品经过再加工还可以继续使用，如报废的毛巾可做抹布使用等。

（3）循环（Recycle）

循环使用是减少客用物品消耗、做好环境保护工作的一项重要举措。客房的某些物品如果在材料和设计上做些调整，就可以循环使用，如将塑料制作的礼品袋改用环保纸制作。

（4）替代（Replace）

民宿应尽可能使用有利于环境保护和可再生利用的产品，以替代一些传统产品，如用纸质包装取代塑料包装。

（三）民宿布草的管理

1. 布草的概念

布草属于专业用语，泛指现代民宿里一切跟"布"有关的东西，包含客房床上用品，如床单、被套、枕套、枕芯、被芯、装饰面料等；卫生间方巾、面巾、浴巾、浴袍等；餐厅用台布、口布、椅套等。

民宿清洁布草是一门学问，也是留给宾客第一印象的关键，如果布草管理工作没做好，不仅会影响宾客的住宿体验，还会导致民宿整体品牌口碑变差。干净的布草是民宿给宾客们留下好印象的第一步，民宿管理者理应在布草清洗的各个环节加强督导和重视。

2. 布草的洗涤

民宿布草洗涤一般会选择与外洗单位合作或自己洗。自己洗要注意的问题是毛巾类和床上四件套、餐厅用布草必须分开洗；此外，要注意洗衣机所能承受的千克数。洗衣机装机以八分满为宜，不能全部装满，以免影响洗涤效果。

第一，分拣。有客人拿浴巾或毛巾之类擦拭皮鞋，导致洁净的布草上出现皮鞋油，此类污垢非常难清洗，有些直接导致布草报废；还有一些床上布草沾上血渍等污渍。洗涤布草前必须将这些带有污垢的布草挑选出来，处理好后再放入洗衣机清洗。

第二，外洗单位核查及维权。与外洗单位合作时，一是需要完善合同，对违规洗涤布草引发客人投诉的，应要求合作商共同承担责任，以此来减少风险；二是在条款中标明各类布草的洗涤标准，要求洗涤机构按照布草洗涤标准洗涤，如未达到标准，将采取中止合约或者是罚款等方式来约束对方；三是加强巡查督导工作，指定人员对布草洗涤进行清查，不定期到对方的工厂进行抽查，严格执行合同标准，避免出现人为清洁不到位的现象。

第三节　民宿的劳动管理

近年来，民宿业简直可以用火爆来形容，但民宿迅速发展后的配套人才未能得到同步发展。通常，民宿人员与房间数量的配比需要达到1∶1，这样才能为入住客人提供有品质保障的住宿服务，当然，有些品牌民宿的人员配比还要高。但是，有些民宿又面临着地处偏远、招揽员工困难、员工离职率高等一系列问题。如何招聘到合适的员工并留住员工？如何在保证民宿服务质量的基础上减少劳动力成本支出？……这些问题都需要民宿投资经营者做好一系列相关工作。

一、员工的聘用

（一）制订招聘方案

员工招聘是一项较为复杂的工作，需要进行周密的筹备，制订招聘方案，严格把关，方能招到合适的人选。

招聘方案的主要内容包括招聘岗位、人员数量、质量标准、招聘工作的具体安排等。招聘方案应明确规定用人质量标准，界定"选人标准"。这种标准要求是具体的、可衡量的。只有明确标准，招聘时才能做到心中有数，才能用心中的这把"尺"去衡量应聘者。为了使招聘要求具体、明确，更好地把握招聘标准，民宿经营者最好编制一套职务说明。下面提供几个民宿岗位职务说明，供学习、参考。

●民宿店长职务说明

岗位职责：

①全面负责民宿日常管理，并带领团队完成民宿的业务目标；

②全面负责安全管理，抓好食品卫生、治安等工作，确保客人和员工的人身、财产安全；

③负责民宿团队的建立、培养和管理，提高整个民宿的服务质量和员工素质；

④在经营中，探索民宿经营的新方向，提升营收能力及客户满意度；

⑤与上级进行日常的沟通协调工作，确保信息畅通、有效。

岗位要求：

①大专及以上学历（旅游管理专业优先），1年以上酒店经营、管理经验；

②熟悉民宿经营和管理系统；

③了解当地相关政策法规；

④诚信，敬业，注重工作结果；

⑤具有良好的沟通协调和应变能力，责任感强，工作积极主动；

⑥熟悉酒店业务运作、管理及服务专业知识，有在民宿或连锁酒店工作的经验。

● 民宿管家职务说明

岗位职责：

①负责民宿的现场服务工作，包括前台客人接待工作等；

②开发民宿周围旅游路线，带客人玩儿，帮客人拍片；

③协助店长做门店基础管理工作；

④熟悉各订房网络平台、房态系统、入住系统等相关操作，确保相关信息准确无误；

⑤熟悉民宿客房销售政策，向来店宾客推销相关商品，努力争取最好的经济效益。

岗位要求：

①大专及以上学历，具有良好的服务意识或服务行业从业经验；

②有亲和力，沟通能力强，普通话标准；

③能熟练操作电脑，会使用 Word、Excel 等办公软件；

④在烹饪、制作酒水饮料、拍摄、码字等领域有特长者优先；

⑤吃苦耐劳，有上进心；

⑥熟知本地交通旅游、文化、风俗、美食、娱乐等信息。

●民宿前台接待员职务说明

岗位职责：

①为宾客提供各种渠道的预订、问讯、入住和退房服务；对预订客人进行及时确认；

②掌握民宿房态，熟悉使用 OTA 平台，与客房服务员保持实时沟通，合理进行管理；

③查看交班记录，了解上一班的移交事项并跟进处理，能做软文推广；

④有民宿工作经验和组织能力，能策划并筹办团建活动；

⑤负责处理宾客投诉等。

岗位要求：

①具有 1 年以上酒店前厅服务工作经验；

②熟悉酒店前厅的管理流程、服务程序及标准；

③具有较强的服务意识与责任感、较好的协调沟通能力；

④热情友善、正直严谨、诚实守信、有亲和力。

（二）员工的招聘

1. 就近招聘当地人员

就近招聘当地人员不仅能解决民宿用工难的问题，还能在一定程度上减少用工成本，同时促进当地就业，解决农村剩余劳动力，带动当地经济等各方面发展。

2. 重视员工的品行及敬业精神

民宿规模小，用工也少，很多时候员工都是一个人独立完成某一项工作。因此，员工的操守及职业道德应放在招聘条件的首位。

3. 重视员工素质及可塑性

招聘时应重点考查员工的基本素质，如文化程度、语言能力等，以适应民宿对人才的要求。

二、员工的培训

民宿管理人员应具备相关的专业知识与专业技能，尤其是互联网时代的新技术和新技能，包括全球酒店管理系统的操作、酒店管理系统软件应用，以及客房管理、餐饮管理，甚至财务管理。此外，在民宿房间数量少、工作人员配置不全的情况下，民宿更需要"多面手"。因此，民宿必须高度重视，认真做好员工的培训工作。

要做好员工培训，民宿首先应对各个岗位工作任务进行分析，确定培训内容。表5-21为民宿客房服务员培训内容，供学习参考。

表5-21　民宿客房服务员培训内容

序　号	培训项目	培训内容（工作任务）
1	工作概况	（1）客房工作内容、工作职责； （2）房型布局介绍； （3）交接班制度及注意事项； （4）每月盘点及注意事项
2	客房清扫整理	（1）客房物品摆放标准； （2）走客房清扫； （3）住客房清扫； （4）卫生间清扫； （5）开门程序； （6）铺床与撤床程序； （7）客房维修及报告工作单的填写； （8）各类清洁剂知识及其作用； （9）清洁剂的配比及使用； （10）抹布的分类及使用； （11）吸尘机的使用及保养； （12）空调开关的使用； （13）杯具消毒程序

序　号	培训项目	培训内容（工作任务）
3	客房服务	（1）加床服务； （2）婴儿床服务； （3）开夜床服务； （4）租借物品服务； （5）走客房检查及注意事项； （6）客人遗留物品的处理程序； （7）对客特殊情况处理
4	客房安全	（1）安全知识； （2）消防知识及主要疏散通道； （3）灭火器的使用； （4）火警等紧急情况的处理； （5）安全操作
5	选修课程	（1）茶艺； （2）插花艺术； （3）香熏

三、劳动力成本控制

（一）日常劳动力安排

1. 预测工作量

民宿淡旺季特征明显，尤其是乡村民宿，双休日、节假日往往一房难求，工作日则客情较淡。这就需要相关工作人员预测客房出租率与工作量，确定所需要的员工数，以做到忙时事事有人做、客情淡时人人有事做。

2. 淡旺季人员合理安排

跟淡旺季客流量的差别相对应的则是淡旺季工作量的差别，这一点尤其体现在客房打扫卫生人员的数量上。因此，管理者要根据客流量情况灵活安排人员，如在旺季可以通过兼职形式来招聘清扫客房的人员或者义工。

下面以浙江金华某民宿为例说明民宿劳动力的安排情况。

第一，员工编制。该民宿有 12 间房间，另有 1 间杂货房，有 9 名员工，其中 1 人为管家，8 人为员工，全部是当地的村民。

第二，班次安排。平时 2 人早班，2 人中班，2 人夜班，1 人休息，1 人管家（正常班），1 人负责杂货房（正常班）；双休日客情较好，早班安排 3 人。

早班：上午 6：30—下午 1：00。

中班：下午 1：00—晚上 10：00。

夜班：晚上 10：00—（次日）上午 6：30。

第三，工作职责。该民宿分工不分家，员工基本都是"多面手"，日常工作职责包括引领客人从村口到客栈；前台入住房、退房、预订服务，饮料、咖啡服务；客房清扫，厨房、餐厅、庭院等公共区域清扫；做早餐并负责提供早餐服务；采购每天的菜品原料（管家负责）；餐具洗涤、抹布洗涤等。

3. 采用小组作业制

民宿里的许多工作，尤其是客房清扫、布草搬运等，劳动强度较大，既可以采用各人单干的形式进行，也可以采用两人一组的形式进行。采用两人一组的工作方式，不仅可以提高员工的工作效率，还有利于降低劳动强度、增加员工的工作安全系数。

（二）劳动力成本控制

民宿人力成本包括人员薪酬成本、人员生活成本（吃、住、日常生活用品购买等）、人员福利成本（缴纳五险一金、发放过节福利等）。目前，一些民宿存在淡旺季员工数量无差别、人员职业能力较弱等问题，如前台只会做一些简单接待工作而不会做其他像网络推广营销、设备简单维修等工作。因此，控制劳动力成本具体体现在以下四个方面。

1. 优化人员架构体系，精简人员

对每个岗位、工作量、淡旺季进行分析，在保证服务和工作质量不变的情况下，优化人员架构体系，精简现有人员，从而减少薪酬支出，达到控制人员成本的目的。

2. 提高员工综合素质，加强员工培训，提高工作能力

民宿不同于酒店，各个岗位都有专门的人员负责，民宿中往往是一人多职。因此，民宿需要培养员工成为"多面手"，从而减少用工数量。

3. 调整淡旺季民宿工作人员数量

淡旺季民宿的入住率差别非常大，如旺季可能每天有90%甚至100%的入住率，到了淡季，入住率可能一下会跌到40%，甚至更低。这就需要管理者合理安排清扫客房的人员数量。

4. 制订合理的薪酬方案

民宿可以采用基本工资+绩效工资+福利这种薪酬体系。多劳多得、能者多得，才能够激发员工的积极性，从而提高工作效率，创造出更多利润。

第四节　民宿的安全管理

安全是民宿工作的生命线。安全、舒适、方便是客人对民宿产品的最基本需求，因此，增强安全意识，提高对安全事故的预防与处理能力，是民宿工作的重要内容。

一、安全设施配备

安全设施是指一切能够预防、发现违法犯罪活动，保障安全的技术装备，由一系列机械、仪器、仪表、工具等组合而成。配备安全设施是做好民宿安全工作的必要条件。

（一）电视监控系统

电视监控系统是现代管理设施的一个重要组成部分，配置的目的是提高安全效益、优化安全服务、预防安全事故的发生、保障客人的安全。电视监控系统由

多台电视屏幕、摄像机、自动或手动图像切换机和录像机组成。工作人员通过屏幕监控民宿各关键部位的情况，如前台收银处、出入口等。电视监控系统主要设置在民宿公共区域、客房走廊和进出口多而又不易控制的地方。

（二）消防控制系统

消防控制系统是指在民宿的客房、走廊等关键部位装置烟感器、温感器等报警器材，并对其进行集中管理。这些地方一旦发生火灾苗头，消防控制柜就会显示火警方位，相关人员即可采取紧急扑救措施。

1. 烟感报警器

烟感报警器一般安装在客房内屋顶上，一旦发生火灾，烟感报警器会自动发出报警信号。

2. 灭火器、消防栓

餐厅、厨房、客房走廊上等应配备各种灭火器、消防栓等防火设施。

（三）安全报警系统

安全报警系统是民宿防盗、防火安全工作的一个重要环节。防盗重点是对非法进入者进行监督控制，在出现危害客人安全、偷盗财物等情况时，及时报警。

（四）其他安全设施

第一，民宿出入口装有门禁安全管理系统，防止闲杂人员进入；

第二，客房门上装有窥镜，门后装有安全防盗扣或防盗链，张贴有安全指示图，标明客人的位置或安全通道方向，在安全指示图上涂荧光剂；

第三，安全通道门上安装有昼夜明亮的红色安全指示灯，一旦发生火灾或由于其他原因使通道灯停电，安全指示灯会立即开通；

第四，客房内配有防毒面罩，卫生间内装有紧急呼叫按钮及拉绳。

二、安全预防工作

（一）客房区域的安全

客房区域的安全主要包括客房安全、卫生间安全、阳台安全等。

1. 客房安全

客房既是客人休息起居的地方，也是客人在民宿内活动时间最长的地方。所以，员工应特别关注客人的人身安全、财产安全、火灾隐患等问题。

第一，客房一层对外的门、窗应采取防盗措施，户门应配置窥镜、双锁或防盗链，窗户应安装防盗窗或限位器；

第二，房门后粘贴"逃生路线图"并确保逃生路线标注正确；

第三，客房内应配置烟感器、喷淋装置，且无遮挡物，或者配置灭火器，确保现场测试有效；

第四，楼梯显眼处需有"小心台阶"的温馨提示；

第五，如果有整体玻璃隔断，需要在距离地面 115 厘米处粘贴明显的防撞腰线；

第六，客房内的显著位置应张贴"贵重物品请随身携带"的温馨提示；

第七，床头应有"请勿卧床吸烟"的温馨提示。

2. 卫生间安全

卫生间是特别容易发生滑倒、摔伤、磕碰事故的地方，工作人员需提前做好预防工作。

第一，如果有玻璃淋浴间，可以提前粘贴防爆膜，因为粘贴防爆膜后的玻璃即使碎裂也不会四处迸溅；

第二，为避免客人因为大意碰撞到玻璃而受伤，可以在距离地面高度 115 厘米的位置粘贴醒目的防撞腰线；

第三，尽管卫生间地砖大多是防滑的，还是需要放置防滑垫；

第四，淋浴区考虑安装防水坎，特别是干湿不分的卫生间；

第五，在卫生间墙面显著位置粘贴"小心地滑"的标识进行温馨提示。

3. 阳台安全

阳台是客人与自然亲近的室外空间，安全问题同样不容忽视。

第一，阳台护栏处需要粘贴"禁止攀爬"的温馨提示；

第二，阳台护栏高度低于135厘米时需要安装防护网。

（二）餐厅安全

第一，为客人倒咖啡和茶水等时，必须事先示意客人；

第二，为客人点烟时，避免烫伤客人；

第三，随时检查自助餐台上主盘的热度，避免烫伤客人；

第四，擦拭餐具及玻璃器皿时，须注意安全；

第五，服务员在餐厅不允许急走，更不允许奔跑；

第六，进出门时，推门要慢，以免碰撞他人；

第七，为客人服务的餐具不允许有任何破损，以免割伤客人；

第八，禁止使用瓷器或玻璃器皿从制冰机中取冰，以免有破碎物混入其中；

第九，协助客人照顾他们所带的孩子，不要让他们在餐厅内奔跑，避免孩子跌伤；

第十，不要让儿童拿到锋利的餐具，避免割伤孩子；

第十一，开酒时注意安全；

第十二，避免在别人身后整理东西；

第十三，超越别人时，须先示意被超越的人；

第十四，在厨房内取菜时，须注意安全，防止意外；

第十五，使用服务车运送东西时，须将所运送的东西摆放整齐。

（三）厨房安全

厨房一般使用电磁炉或燃气灶，是动"火"的地方，所以厨房安全特别重要。厨房如果使用的是电磁炉，则需要定期检查，且使用的电源插座需要固定。厨房如果使用的是燃气，则需要定期检查燃气管道阀门，以防燃气泄漏。在燃气灶上方的墙面显眼处张贴"燃气安全使用"的温馨提示。厨房配置烟感器和喷淋装置，且无遮挡物。

为了防止发生火灾、盗窃、食品中毒及其他安全事故，厨房员工应遵守以下安全操作规范。

第一，定期检查一切消防用具，严禁在消火栓箱内、防火用具处、紧急出口处存放有碍救火及人员疏散的任何物品，发现防火用具损坏及其他问题时，应立即上报；

第二，严格保管、存放及正常使用易燃物品（如固体酒精、火柴、蜡烛等）；

第三，严禁任何人在禁烟区域内吸烟；

第四，每位员工都应了解消防灭火用具的存放位置及使用方法，应明确发生火情后要采取的措施；

第五，下班前，要由专人检查门、窗、柜是否已正常关闭并加锁，电器设备的电源是否已关闭，若发现问题，要及时上报；

第六，厨房工作人员在灶台上烧烤食物时，不得擅自离开岗位，每日工作完成后，要关闭煤气开关，并指定专人定期检查灶具、通风等设备，发现异常情况要立即上报；

第七，未经允许，任何闲人都不得进入厨房，严禁在厨房区域内穿行、接触食品；

第八，厨房工作人员所使用的刀具，应及时清点，并统一摆放在规定位置；

第九，荤素、生熟食品要分开存放，防止交叉污染；

第十，发现腐烂变质的食品，切忌使用。

安全检查表见表5-22。

表5-22 安全检查表

检查日期：_____   检查人：_____

区　域	检查内容	检查结果	备　注
厨　房			

续　表

区　域	检查内容	检查结果	备　注
餐　厅			
客　房			
其他区域			

第六章　民宿品牌打造与传播

第一节　民宿品牌打造

一、民宿 IP 的分类

从 IP 资源建设的角度，民宿 IP 资源可以分为两类：隐性 IP 资源和显性 IP 资源。

具体地说，隐性 IP 资源就是大量的高文化含量、低娱乐属性的经典 IP，如文学名著、知名画作及艺术品、文物及文化遗产、古典音乐等；显性 IP 资源则是那些高关注度、高话题度、强娱乐、弱文化的 IP，如热门网文、动漫、电影、综艺、游戏等。

建设民宿，既可以自己打造 IP，也可以借助现有 IP。如果是打造自有 IP，比较低成本的做法是挖掘一些现有的隐性 IP 资源。因为有些隐性 IP 资源可以很好地体现自身的内容与特色，而大多数隐性 IP 资源也都属于公开版权，从成本上讲也相对合适。

二、民宿 IP 建设的方法

（一）打造民宿人设品牌

这方面可以借鉴影视剧里给关键人物撰写人物小传的经验，人设的性别、年龄、职业、性格、爱好、怪癖，关键性的事件和标志性的动作等，越具体越好。

因为人设越丰富，之后呈现出来的内容也就具备更立体的内涵和外延。我们甚至可以虚构一个完整的世界观，而这个人设就建立在这一整套的世界观和行为依据里面，这样给用户的感觉就是非常有逻辑，符合对一个人的理解。例如"肯派静姐家"，就是打造了一个静姐和龙哥相爱多年的人设，许多住客在入住民宿的过程中受到他们的影响，成为民宿主的粉丝。

民宿的人设可以从六个维度来打造：民宿的语言风格、服务肢体语言、标志性动作、标签化表情、人设昵称、民宿的粉丝名称。

（二）优化人格化 IP 和用户关系

人格化 IP 的打造，目的就是让用户觉得是"人与人之间的互动"而不是单向的"机器输出"。所谓人格化 IP 的定位就是找到民宿品牌与目标消费群体的关系，以及在此关系上，人格化 IP 需要以何种面貌和内容输出方式来实现与用户的交流互动。比如，这种关系可以是朋友、专家、保姆、偶像，甚至是知己。不同的民宿品牌定位决定了不同的用户关系。

1. 朋友

这是一种平等的互动交流方式，主要通过与粉丝的交流拉近双方关系。

2. 专家

这是一种由专家主导的关系。专家以自己的专业，向住客输出相关知识，扩展用户的认知，解决其困惑，如酒文化类民宿就属于这样的关系。

3. 保姆

这种关系由住客来主导，以提供服务居多，主要是解决住客的问题。

4. 偶像

这是一种对新的生活方式和生活态度的引领。许多网红民宿主就是消费者心目中的偶像。

（三）选择合适的内容载体

目前，网络内容的形式和载体已经非常丰富了，如图文、音频、视频。其中，视频又可以细分为长视频（网剧、网综、漫画、纪录片等）、短视频（PGC）、小视频（抖音、快手一类），还有 H5、小程序、小游戏等，只要是用来传递民宿品牌理念和价值观的内容形式，都可以为之所用。

对民宿人格化 IP 来说，内容形式不同，其人格化 IP 的具体打造方式也不同。从内容的角度，同样的一段话或者一个内容，图文、音频、视频的呈现方式也都不一样，但是需要始终坚持人格化 IP 调性的统一。

（四）打造不同成长阶段民宿人格化 IP 的内容体系

打造人格化民宿 IP 还需要区分民宿品牌的不同阶段，孵化期、成长期、成熟期等不同阶段的品牌，其打造人格化 IP 的思路不一样，所要输出的内容也有不同的目的和结果要求。

1. 品牌孵化期

在品牌孵化期，首要任务是让更多的用户知道这个民宿和产品。人格化的定位可能一开始就是核心的小众人群，但一定要大范围地实现内容输出和传播，尽可能地去让自己的目标用户看到这个内容，从而利用内容来提高品牌和产品的知名度。这时，要么砸重金去做广告，要么细水长流做种子用户，做口碑和用户沉淀。民宿人格化 IP 的形象和定位，往往需要出奇制胜，这样做比较有辨识度，容易被发现和记住。

2. 品牌成长期

该阶段的任务是利用内容来强调产品的价值，提高品牌和产品的美誉度。比如，可以去参与一些公益性的事件，以及和用户共同参与一个线上活动，加深和用户的关联，让核心用户带动非活跃用户，共同打造好口碑效应。例如，"松赞"首次推出了"精品山居旅行"产品——香格里拉环线游。"松赞"的出发点是希望能将民族文化中那些特别宝贵的财富传承下去，希望能创造一个平台，让更多的人得到帮助。"松赞"不想成为世界顶级的酒店，而是想打造一个特色鲜明的文化分享平台，让更多的人能够了解民族文化。

3. 品牌成熟期

这时候，很多用户都知道这个品牌了，但仍然需要做品牌。一方面，成熟的民宿品牌在线上很容易变成"老品牌"，因为核心用户群的更新速度、人格化 IP

的定位，使得在品牌成熟期就要考虑到迭代的问题。另一方面，成熟期的民宿品牌也需要时常给予用户提醒，以提升用户对品牌的忠诚度。这时候的人格化 IP 所要担负的责任就是帮助品牌最大限度地做好转型升级，以及做好留存。

（五）选择合适的民宿推广平台

民宿人格化 IP 要有自己的自媒体线上平台，且这个账号本身也应是人格化的运营方式。而平台的选择，是依据内容的形式来确定的。其实，每个平台都可以实现人格化 IP 的打造，只不过要看它是不是该民宿核心用户分布比较多的平台。一般的思路还是全网传播，而后通过数据观察平台的用户分布再重点运营。

当今，"两微一抖"（微博、微信公众号或微信、抖音）已经成为大多数企业做自媒体的必选阵地了，所以这肯定是必选项。同时，抖音、快手类的小视频平台，在民宿人格化 IP 的打造方面也有很多天然优势。比如，它竖版视频的呈现方式，更容易实现用户和人格化内容的直接"面对面"交流，更具沉浸感。

（六）把握民宿品牌上线时机

对新的民宿品牌来说，人格化 IP 的上线时机一定要结合好目标用户的需求，比如，对亲子类的民宿品牌来说，暑期就是一个比较好的"出道"时间点。一些重要的节假日也可以作为上线时机。而对连锁民宿品牌来说，在人格化 IP 转型中，则需要考虑到自己的促销活动以及一些品牌类的纪念日和庆祝活动，如连锁民宿品牌的周年庆等。

总之，民宿人格化 IP 的打造，本身也是一件很有趣的事情，可以让品牌更人性化、更接地气，而所属的品牌也会更符合"人"的需求。尽早认识到人格化 IP 的重要性，不仅可以省去很多不必要的推广费用，还可以实现在线上获取自己的用户的目的。

三、民宿 IP 的内涵建设

民宿 IP 建设除了要在线上进行推广之外，还需要考虑住客的核心需求。外在的宣传和包装是民宿 IP 建设的必要手段，但是民宿在产品和服务上仍然需要进行质量提升和内涵建设。

（一）产品组合建设

尽量扩大产品组合，包括拓展产品组合的宽度、长度，加深产品组合的深度。前者是指增加产品大类和在原有产品大类基础上增加新的产品项目；后者是指增加每种产品项目的品种和规格。民宿增加产品组合的长度和深度可以迎合广大消费者的不同需求和爱好，以招徕、吸引更多顾客。企业增加产品组合的关联性，则可以合理配置和高效利用企业资源，并提高企业在某一地区、行业的声誉。

（二）服务创新

民宿作为住宿业的一种，服务创新也构成了产品的重要环节，是民宿营销的亮点。但是民宿和酒店是有区别的。民宿是非常个性化的，每个民宿都有自己的特色。这样的个性和特色，最明显的体现就在民宿的"人"身上。如果遇到喜欢喝红酒的民宿主，或许他会拉着你在他的酒窖前眉飞色舞地"炫耀"这瓶酒的产地是哪里，那一年的天气怎么特殊，所以酿出来的酒跟其他年份的酒有什么区别；如果民宿主恰好和你一样喜欢去各个地方旅游，或许他的民宿的公共空间里就会摆满了从世界各地淘回来的小玩意儿，琳琅满目，宛如一个小小的杂货店，民宿主会如数家珍般跟你细说每一个小摆件背后的故事……

每位到民宿的客人，最先和最后接触的，应该都是民宿管家，从迎接到送别，民宿管家和客人有着最多的交集。如果说一家民宿有贴心、温馨的服务，那么民宿管家就是这个服务的最佳执行者。

（三）产品质量

营销的核心是产品本身。民宿作为住宿行业的"非标准"存在，小到一把牙刷该怎么选择，大到一间客房该怎么设计，都会对顾客产生影响，从而影响民宿的效益。

在易耗品的选择上，首先确定好顾客群可承受的价位区间，试用这个范围内的不同品牌，找出最好用的几种；然后在这几种当中，研究哪种是更健康的，风格和民宿是更搭调的；再想好怎么使用，所选择的使用起来是否方便。按照这些步骤筛选之后，选最合适的那个。在洗漱用品的选择上，要注意牙刷的刷毛软硬度和质量，等等。

总之，产品质量必须有保证，要让客人满意。

第二节　基于"互联网+"的民宿品牌传播

一、"互联网+"时代的民宿业发展特点

"互联网+"时代的民宿业主要有三大发展特点：一是文化与旅游深度融合，民宿应运而生；二是民宿经济与互联网结合，前景无穷；三是线上线下联动，民宿持续升温。

二、"互联网+"民宿品牌传播主要模式

"互联网+"民宿品牌传播的主要模式有五种：一是纯预订平台模式；二是自建平台模式；三是"预订+自建平台"模式；四是"预订+增值服务"模式；五是合作派单模式。

三、民宿经营的"互联网+民宿"营销策略

民宿经营的"互联网+民宿"营销策略主要有四种：一是扩大民宿的网络宣传力度；二是拓展民宿客栈与潜在客户进行沟通的互联网交流渠道；三是利用互联网运营商搭建的民宿预订平台，或自行建设互联网预订管理平台；四是组织"民宿联盟"。

四、民宿信息管理系统应用

（一）民宿信息管理系统建设的意义

在不断的自我发展和自我迭代中，旅游行业必须要面对不断增大的客流量与

更多的日常事务。在我国旅游行业迅速发展的前提下，民宿与酒店行业对日常管理的需求也"水涨船高"，为此，涌现出了一批优秀的酒店管理系统，以解决日益增长的订单数量与低效的管理方式之间的矛盾。借助酒店管理系统，民宿可以方便、快速地管理日常订单与收银情况，生成完整的数据资料与财务报表，对接各类线上OTA，实时同步房态库存。

酒店管理软件的使用，标志着民宿进入了数字化时代。民宿的管理与营销能力也因此获得了提升。使用优秀的酒店管理软件，不仅提升了客户的入住体验，也提高了民宿行业从业人员的综合能力。

1. 将民宿管理人员从低下的沟通效率与烦琐的工作流程中解放出来，提升整体运营效率

民宿前台可以将客人的预订信息、订单来源与客户信息同步录入系统，并且可以在移动端或电脑端上随时查看。民宿的客房打扫人员也可以根据入住和退房情况对客房进行清理。民宿中的其他业态（如餐饮、商超、娱乐与其他资源）都可以与房态关联同步，借此完成账款的统一收取与管理。

2. 完美衔接线上预订平台，做到房态实时互通，实现快速接单与账务管理

在使用酒店管理系统之前，酒店前台必须到各个OTA后台对客户的订单进行处理，判断是接单还是拒单，同时手动同步本地房态。在接入酒店管理系统的OTA直连功能之后，系统会自动根据房量库存判断是否接单，同时关闭各个直连渠道的不可售房间。这个功能极大地减少了前台日常工作中的重复操作，也提升了订房客户的使用体验。

3. 为酒店运营进行信息化赋能，对经营过程中的销售与库存做统一管理，做到来去皆有记录

酒店管理系统对每一个订单和业务进行数据化记录，随时随地可以查看某个订单的实时情况（包括收银情况、订单状态、操作记录等）。完整的记录将极大地减少飞单、漏单的风险。同时，部分酒店管理软件支持进销存管理，民宿的餐饮与小商品销售的记录，可以为民宿副业的创收提供数据支持。

4. 为管理层运营提供数据支撑，为财务提供翔实可靠的报表

酒店管理软件改变了民宿难以处理财务问题的困境。在此之前，财务需要从前台收入每一笔钱款，同时做好当天的入住情况与其他业态销售订单的记录，并将每一笔收入与订单完成匹配。整个过程低效且容易出错。在酒店管理软件接入之后，财务仅仅需要将钱款与系统自动形成的报表进行比对即可，每日的审核过程轻松又便捷。民宿管理层可以通过订单数据对民宿的运营情况进行分析，以在宣传营销方面做出更好的决策，提升民宿的整体营利能力。

5. 提升民宿的营销能力，解决售房难问题

酒店管理软件的使用，系统的实时房量可以随时与任何营销渠道进行对接，从而实现流量平台的直接变现。民宿未来的房量，可通过预售券形式进行售卖，也可进一步通过酒店管理软件提升淡季入住率，进而提升民宿整体运营能力。

6. 提升民宿融资能力，提供数据背书

通过日常工作的信息化管理，民宿的运营情况将不再是纸面的简单营收情况，而是有着全面的数据支持。酒店管理软件对接的相关金融运营服务，可以在大数据背景中为民宿提供"一站式"资金解决方案。

7. 为民宿业培养与储备人才

人员的流动与招聘，一直是民宿业面临的问题。标准化的酒店管理软件的使用，使民宿前台人员的工作负担减轻，工作效率也得到进一步提升。同时，在标准化使用系统的过程中，会涌现出一批拥有一定技能的优秀人才，他们在不同工作场地都能随时发挥作用。民宿行业也会因此整体受益，进而在行业的提质增效上迈出坚定的一步。

（二）常见民宿信息管理系统

随着民宿市场的不断发展，民宿不再是一个非标住宿载体，而是成为一个多业态运营的综合体。不断涌现的优秀民宿品牌，都迫切地需要提升客人入住体验，以及塑造自身市场品牌形象、拓展更多售房渠道。

在这个大背景下，民宿管理系统的与时俱进、同步更新就显得异常重要。目

前，常见的民宿管理系统有"订单来了""云掌柜""去呼呼""客栈通""番茄来了"等。其中，"订单来了"因其更适合民宿灵活的经营业态，且在营销管理功能上创新可靠，成为品牌民宿的首选，现已与国内各大民宿连锁品牌建立起合作伙伴关系，目前客户数量已有上万家，且在国内民宿的头部客户中有较大影响力，其中，"西坡""大乐之野""原舍""呆住"等一线民宿品牌均是其合作客户。

不少民宿管理系统在处理日常订单中以房态为主要业态，其他业态在产品设置中仅仅作为住宿业态的附属，这样一来便无法满足民宿日渐增长的全面发展的需求。相比而言，"订单来了"在产品设计时就着眼于多业态，为每一个业态都提供了健全实用的功能，充分满足了民宿各种形式的业务开展。同时，多维度的报表数据更完整，清晰地呈现民宿的生意脉络，多业态的消费数据在会员管理上也更有参考价值。

第七章　国内外民宿未来发展布局

随着经济社会的发展和居民生活水平的提高，以及用户消费观念的转变，民宿业也将随之不断发展。但是，由于民宿发展质量良莠不齐，民宿行业也面临着洗牌。中国民宿未来发展趋势主要体现在以下四个方面。

一、规范化发展趋势

(一) 政府规范引导

近年来，各项旅游政策均有鼓励特色民宿行业发展相关内容，因此，在未来发展趋势中，针对民宿的相关政策会出现持续利好导向。目前，共享经济是大趋势，未来政府也将持续鼓励个人对闲置财产的有效利用，以支持民宿发展。而对地方政府来说，一方面，其会针对部分饱和民宿市场的恶性竞争问题，出台行业相关准则，提高民宿入行标准；另一方面，地方政策要去除目前民宿的安全隐患，出台民宿水电、楼层结构和消防等建设标准。

(二) 民宿服务规范化

民宿大多是业主自主经营，不同的业主服务水平参差不齐。同时，由于现在的民宿从业人员大多没有经过专业的住宿业服务培训，使得民宿在卫生清扫、对客服务等方面存在一些问题。这样的问题已经逐步引起政府和民宿从业者的重视，很多地方成立了民宿学院、民宿从业者联盟，来解决民宿从业人员培训的问题。因此，在政府和市场的引导下，民宿主将越来越注重服务的规范化，严格控制卫生、安全等关键指标，让房客住得安心、住得放心、住得舒心。

二、多元化发展趋势

（一）民宿设计多元化

当代民宿的设计模式正朝着多元化的方向发展，这主要是由于人们对民宿建筑的需求越来越多样化、个性化。因此，设计者在开展民宿建筑设计工作的时候，应当以打造精品民宿为主要目标，深入探寻当地的文化特色，利用多种多样的地域文化元素，将多样化的民宿设计模式融入其中，进而让民宿设计的类型更加丰富，以便更好地满足人们的需求。

（二）民宿空间多元化

除了设计模式的多元化发展以外，民宿在功能空间上也呈现多元化的发展趋势，其不再仅仅局限于以往的居住、餐饮功能，而是在尊重旅游者基本住宿、饮食需求的条件下，站在空间布局的角度，打造各种各样的功能空间，如阅读、品茶、手工体验等，从而让人们的个性化需求得到最大限度的满足。

（三）民宿功能多元化

随着旅游方式的不断扩展、旅游内容的持续丰富以及人们旅游观念的日益更新，民宿作为一种较为新颖的、特殊的旅游接待设施，也必然会不断地改变其方式和内容，使之不仅是一种旅游接待设施，更成为一种重要而独具特色的旅游吸引物。从低端单一产品、同质化开发、个体经营、分散布点向高级且有特色的休闲产品、差异化发展、企业操作和集群布局转变。

三、科技化发展趋势

（一）体验智能化

随着移动互联网、AI 人工智能、大数据、物联网等多种新技术的日渐成熟，民宿将通过智能门锁、人脸识别、征信识别、个性定制服务等科技手段，进一步扩大房客的自由空间和使用便利，提高民宿的安全性，同时降低业主的运维成本。

（二）营销管理信息化

民宿经营普遍存在财务管理不规范、订单管理不智能、房源管理依赖人工等信息化程度低的问题。目前，多家在线旅游企业已推出面向民宿经营者的管理系统，以提高民宿的信息化程度。未来，更多民宿预订平台将跟进这一举措，通过免费推广民宿管理系统降低民宿预订产品运营成本，从而提高用户服务体验。

四、规模化发展趋势

（一）民宿品牌化、连锁化发展

随着市场竞争的加剧，小规模体量的民宿经营日益困难，主要体现在五个方面：一是没有人做民宿公共设施的配套开发；二是单体民宿集合无法解决土地合规、稳定性的问题；三是无法获得资本层面的支持；四是单体民宿各自为政，无法解决营销的问题，从而无法做到把目的地联合起来营销；五是消费者的体验在不断变化，而其却无法体验到配套设施齐全的休闲度假场所等。这些问题如果不解决，单体民宿就容易成为快消品。

针对单体民宿运营的困难，未来民宿会注重打造民宿IP，树立民宿品牌，并在此基础上形成连锁化经营模式。

（二）民宿集群化发展

除连锁经营模式以外，另有一些民宿以区域集群化经营方式来实现资源的共享，即形成"民宿集群"或"民宿联盟"，形成从民宿融资平台、管理平台、预订平台、民宿学院到相关培训、管理、设计咨询公司等完备的民宿行业产业链，在集群内实现优化分销、媒体运营、品牌传播、会员共享、收益管理等。

同时，以民宿集群作为切入点，以"政府+文旅平台+服务商+社会资本"为投资模式的文旅项目也在陆续落地，具体体现在：由政府整合多方资金，推进园区的基础建设；文旅公司负责管理，投资部分引领性项目；服务商协同咨询、规划、运营、推广整个流程；社会资本通过文旅进行民宿项目投资经营，文旅融合形成产业闭环。

参考文献

[1] 陈可石,娄倩,卓想.德国、日本与我国台湾地区乡村民宿发展及其启示 [J].开发研究.2016(2).

[2] 范亚昆.民宿时代[M].北京:中信出版集团,2017.

[3] 夏齐斯塔夫鲁.世界民宿地图[M].桂林:广西师范大学出版社,2018.

[4] 陈卫新.民宿在中国[M].沈阳:辽宁科学技术出版社,2017.

[5] 筑梦乡村.旅居中国:体验民宿之美[M].南京:江苏凤凰文艺出版 社,2017.

[6] 刘荣.民宿养成指南[M].南京:江苏凤凰科学技术出版社,2018.

[7] 俞昌斌.体验设计唤醒乡土中国:莫干山乡村民宿实践范本[M].北京:机 械工业出版社,2017.

[8] 北京世纪唐人旅游发展有限公司,北京盛世唐人旅游规划设计院.玩转民 宿:民宿的开发与经营[M].北京:旅游教育出版社,2015.

[9] 汝勇健.客房服务与管理[M].3版.南京:东南大学出版社,2018.